GEORGES VIRENQUE

LE CULTE DU DRAPEAU

TOURS

MAISON ALFRED MAME ET FILS

LE

CULTE DU DRAPEAU

NOUVELLE SÉRIE IN-8° CARRÉ

ARQUES

LE

CULTE DU DRAPEAU

PAR

GEORGES VIRENQUE

TOURS

MAISON ALFRED MAME ET FILS

LE

CULTE DU DRAPEAU

I

L'AMOUR DU DRAPEAU — NOMBREUSES CITATIONS — QUELQUES EXEMPLES — NAPOLÉON ET LE DRAPEAU TRICOLORE — LE PANTHÉON — LES INVALIDES — NI LOI NI DÉCRET — UNE DESTRUCTION VOLONTAIRE — FUNÉRAILLES DU MARÉCHAL SÉBASTIANI — LE DÉCRET DE JUIN 1859

De tous temps et chez tous les peuples, le drapeau a été l'objet d'un culte particulier.

« Le respect que l'on prit pour les enseignes, écrit Benéton, ne pourrait manquer d'être grand, puisqu'une nation qui aurait adoré le Dieu qu'elle s'était donné sous la figure d'un oiseau, d'un reptile ou d'un quadrupède, en voyant une semblable figure lui servir d'enseigne de guerre, il lui aurait été bien difficile de s'empêcher de ne pas regarder son enseigne comme un objet de dévotion ; aussi n'y a-t-il point eu de peuple païen qui n'ait honoré les enseignes d'un culte religieux. Les Romains se mettaient à genoux devant les leurs, les encensaient, les couronnaient et les déposaient dans les temples...

« Les Romains avaient pour leurs enseignes un attachement égal au respect ; cela paraît par le soin qu'ils prenaient de leur conservation, tant en paix qu'en guerre : une influence de religion et l'humeur martiale de ce peuple étaient les principales causes de cela; la perte des enseignes était regardée comme un grand malheur pour l'État, et la honte attachée à cette perte se peut faire sentir par la comparaison de la joie qu'on avait de les recouvrer, soit à force ouverte ou par le moyen des traités : le roy des Parthes, pour se concilier l'amitié des Romains, leur renvoya les enseignes prises à la défaite de Crassus...

« Les peuples antérieurs aux Romains n'ont pas eu moins d'attachement que ces derniers pour leurs enseignes, et quoique l'histoire ancienne ne nous donne pas sur ce sujet toute la connaissance dont on aurait besoin, elle nous en donne assez pour entrer en preuve que chaque ancien peuple a eu pour ses enseignes autant de vénération et de soin que les Romains en avoient pour les leurs. »

Nous ajouterons que dans les camps romains il y avait une tente particulière sous laquelle on déposait les enseignes, et qui, de ce fait, devenait un lieu sacré. On punissait de mort tout soldat qui perdait son drapeau, et des peines très sévères étaient réservées à ceux qui le profanaient.

« La religion des Romains est toute militaire, disait Tertullien ; elle adore des enseignes, jure par elles et les met à la tête de tous les dieux. »

En France, sous la monarchie française et dès son origine, on bénissait les drapeaux. Au IXe siècle, l'empereur Léon le Philosophe voulait que les capitaines fissent bénir leurs enseignes par des prêtres, deux jours avant de se mettre en campagne.

C'est ainsi que la levée de l'oriflamme de Saint-Denis donnait lieu à une cérémonie d'un caractère imposant et pompeux.

Le roi, après avoir communié à Notre-Dame, se rendait en grand apparat à Saint-Denis, où, après la messe et la bénédiction, il recevait à genoux, des mains de l'abbé, l'oriflamme. Il

Louis VII prend l'oriflamme à Saint-Denis en présence du pape Eugène III.

la confiait ensuite à un « chevalier loyal, preud'homme et vaillant ».

Investi de cette mission sacrée, le chevalier désigné se confessait, recevait l'Eucharistie et faisait serment sur l'hostie de garder fidèlement l'oriflamme jusqu'à la mort. Voici la formule du serment :

« Vous jurez et promettez sur le précieux corps de Jésus-Christ sacré cy-présent et sur le corps de mon seigneur saint Denys et ses compaignons qui cy sont, que vous, loyalement en votre personne, tendrez et gouvernerez l'oriflamme du roi mon seigneur, qui cy est, à l'honneur et profit de lui et de son royaume et pour doute de la mort, ne autre aventure qui puisse venir, ne la délaisserez et ferez partout vostre devoir, comme bon et loyal chevalier doit faire envers son souverain et droicturier seigneur. »

Et le chevalier répondait : « Je le jure. »

S'il faut en croire le père Anselme, ceux qui eurent l'honneur de cette charge ont été : Gall, sire de Montigny (1215) ; Auxeau, seigneur de Chevreuse (1304) ; Raoul, dit Herpin, seigneur de Herquery (1315) ; Miles, seigneur de Noyers (1328) ; Geoffroy de Charny (1355) ; Arnoul, seigneur d'Andenehan (1368) ; Pierre de Villiers, seigneur de l'Isle-Adam (1372) ; Guy, sire de la Trémoille (1383) ; Guillaume, seigneur des Bordes ; Pierre d'Aumont, dit Hutin (1397) ; Guillaume Martel, seigneur de Bacqueville (1414).

Le premier, Gall, sire de Montigny, à côté duquel figure la date de 1215, est certainement le même que Galois, seigneur de Montigny, porte-oriflamme en 1214 à la bataille de Bouvines, et qui figure ainsi dans le *Militaire de France,* de Lemeau de la Jaisse (1735). Nous racontons, d'autre part, la conduite de Gall de Montigny à la bataille de Bouvines.

Mais puisque nous en sommes à l'oriflamme de Saint-Denis, on rapporte que, en 1328, Miles de Noyers, porte-oriflamme, tua d'un coup de fer de la lance (de cette oriflamme) le chef des Flamands révoltés.

Rappelons aussi que l'historien Froissart attribue à l'oriflamme un miracle :

C'était à la bataille de Rosbecque, sous Charles VI, et « l'oriflamme, dit Froissart, eut toutes ses vertus ; car toute la matinée il avait fait une si grande bruine et si épaisse, que à peine pouvait-on voir l'un l'autre. Mais sitôt que le chevalier qui la portait la développa, et qu'il leva la lance contre mont, cette bruine a une fois cheq et se dérompit, et fut le ciel aussi clair et net qu'on l'avait point vu de toute l'année ».

Le maréchal de Saxe recommandait aux hommes de toujours conserver leur drapeau : « Les soldats, disait-il, doivent se faire une religion de ne jamais abandonner leur drapeau ; il doit leur être sacré, et l'on ne saurait y attacher trop de cérémonies pour le rendre respectable et précieux. Si l'on peut y parvenir, on peut aussi compter sur toutes sortes de bons succès ; la fermeté des soldats, leur valeur, en seront les suites. Un homme déterminé qui prendra en sa main leur drapeau leur fera braver les plus grands dangers. »

Ailleurs, en Allemagne, en Prusse, Mirabeau nous montre les soldats graciés touchant de la main le drapeau de leur pays en même temps qu'ils demandent pardon de leur faute à genoux. Ils sont ainsi réhabilités et recouvrent le droit de reprendre leurs armes.

Dans ses proclamations, Bonaparte ne manquait jamais de parler aux hommes de leur drapeau, et après une victoire il mentionnait toujours ceux qui avaient été pris à l'ennemi. L'article 7 de la loi du 11 vendémiaire an VIII (3 octobre 1799), relative aux honneurs et aux récompenses nationales à décerner aux armées de la République, s'exprimait ainsi :

« Article 7. — Les drapeaux des armées qui auront obtenu, durant le cours de la guerre, des décrets de *bien mérité de la patrie*, les pavillons amiraux des commandants qui auront gagné une bataille navale, seront portés à la paix, avec solennité, au Panthéon[1] français: les décrets et les noms des batailles gagnées seront gravés sur les drapeaux et pavillons déposés au Panthéon. »

Dans un décret sur la composition des régiments d'infanterie, le 17 février 1808, l'Empereur institua la garde de l'aigle. On verra, par les extraits que nous en donnons et sans autre commentaire, tout le prestige dont le grand capitaine entourait le drapeau. Honorer, en leur confiant la garde des trois couleurs, les héroïques soldats dont la bravoure tenait lieu d'instruction, était une heureuse inspiration. Voici ces articles :

« Article 17. — Chaque régiment aura une aigle qui sera portée par un porte-aigle, ayant le grade de lieutenant où de sous-lieutenant, et comptant au moins dix ans de service, ou ayant fait les quatre campagnes d'Ulm, d'Austerlitz, d'Iéna et de Friedland. Il jouira de la solde de lieutenant de première classe.

« Deux braves, pris parmi les anciens soldats non lettrés qui, pour cette raison, n'auront pu obtenir d'avancement, ayant au moins dix ans de service, avec titre, l'un de second porte-aigle et l'autre de troisième porte-aigle, seront toujours placés à côté de l'aigle. Ils auront rang de sergent et la paye de sergent-major. Ils porteront quatre chevrons sur les deux bras.

« L'aigle restera toujours là où il y aura le plus de bataillons réunis. Les porte-aigle font partie de l'état-major du régiment. Ils sont nommés tous les trois par nous, et ne peuvent être destitués que par nous.

» Article 18. — Chaque bataillon de guerre aura une enseigne portée par un sous-officier choisi par le chef dans une

[1] Le 2 décembre 1806, par un décret daté de Posen, Napoléon décida la création d'un Panthéon militaire. Ce monument, terminé en 1828, devint l'église de la Madeleine.

des compagnies de ce bataillon. Le bataillon de dépôt n'aura aucune enseigne

En 1328, Miles de Noyers, porte-oriflamme, tua d'un coup de fer de la lance le chef des Flamands révoltés.

« Article 19. — Les régiments de ligne ont seuls des aigles pour drapeaux ; les autres corps ont des enseignes.

« Nous nous réservons de donner nous-mêmes les nouvelles aigles et les enseignes aux nouveaux régiments. »

Le 18 octobre 1805, Napoléon, en envoyant au Sénat les drapeaux qu'il avait pris à l'ennemi, lui écrivait : « Je vous envoie quarante drapeaux conquis par mon armée dans les combats qui ont eu lieu depuis celui de Wertingen. C'est un hommage que moi et mon armée faisons aux sages de l'Empire ; c'est un présent que des enfants font à leur père. »

Ces drapeaux furent déposés aux Invalides.

Sous l'ancienne monarchie, les drapeaux enlevés à l'ennemi étaient placés à Notre-Dame de Paris, d'où le surnom de « tapissier de Notre-Dame » donné au maréchal de Luxembourg. Mais à l'occasion de l'envoi de cinq drapeaux par le général Custine, la Convention rendit, le 7 octobre 1792, un décret par lequel les drapeaux pris à l'ennemi devaient être suspendus à la voûte de la salle des séances de la Convention. En 1793, lors de la fermeture des églises, les drapeaux trouvés à Notre-Dame furent transportés aux Invalides. Le Luxembourg reçut, sous le Directoire, les drapeaux conquis par l'armée d'Italie et par l'armée du Rhin et présentés, le 20 floréal an V, par Augereau et Masséna; par le général Sérurier, le 11 messidor de la même année. Sous le Consulat et sous l'Empire, Napoléon envoya au tribunat huit drapeaux autrichiens ; à l'hôtel de ville de Paris, huit drapeaux conquis par la cavalerie de Murat ; au Sénat, quarante drapeaux autrichiens et russes ; à l'archevêque de Paris, pour Notre-Dame, cinquante drapeaux pris à Austerlitz ; au Corps législatif, sept drapeaux et un étendard pris à Austerlitz, dix drapeaux enlevés à la conquête de Naples et quatre-vingt-douze drapeaux provenant de la guerre d'Espagne.

Napoléon donna en outre à de nombreux personnages, comme pour les honorer d'une haute distinction, des trophées de drapeaux. L'hôtel des Invalides reçut ainsi une certaine quantité d'emblèmes dont avait disposé l'empereur.

Le Corps législatif conserva jusqu'en 1815 les cent dix drapeaux qui ornaient la salle des séances. A la seconde Restauration, des officiers prussiens, pénétrant dans la Chambre des députés, essayèrent de les enlever ; mais, grâce au zèle et au dévouement d'un employé nommé Mathieu, une partie en fut conservée. La salle des conférences en contient encore cinquante-huit.

Les drapeaux qui avaient été déposés au Sénat furent transportés aux Invalides en 1831, et, le 25 juillet, le vieux courtisan Semonville fit orner la salle des séances de la Chambre de Paris des quarante drapeaux autrichiens envoyés en 1805, ménageant ainsi au jeune duc d'Orléans l'occasion de se rendre populaire par une allocution belliqueuse.

Quant aux cinquante drapeaux russes et autrichiens donnés à Notre-Dame, ils ont disparu la veille de l'entrée des Alliés dans Paris, et il a été impossible d'en retrouver trace. Les recherches de l'autorité militaire eurent lieu si tard, qu'il a été impossible de se rendre compte de ce qu'ils étaient devenus, et on en est réduit à supposer que, loin d'avoir été brûlés, ils ont été seulement cachés.

Il est bon de remarquer ici que le dépôt aux Invalides des drapeaux conquis n'est soumis à aucune loi, à aucun décret. C'est une règle que la tradition a perpétuée jusqu'en ces dernières années, puisque les trophées pris au Tonkin y ont été déposés.

Il ne faut pas confondre non plus les drapeaux pris à l'ennemi avec ceux que reçoivent le Musée d'artillerie ou le Musée de l'armée, et qui ne sont que des drapeaux, des étendards ou des bannières hors de service.

Malheureusement, le 30 mars 1814, une triste cérémonie

anéantit une grande partie de ces glorieux souvenirs. Pour les empêcher de tomber aux mains des Alliés, le maréchal Sérurier, gouverneur militaire des Invalides, fit dresser un bûcher et précipiter dans les flammes tous les drapeaux si vaillamment conquis sur tous les ennemis de la France. Seize cents furent ainsi réduits en cendres dans cet autodafé douloureusement imposé par le patriotisme.

Les premiers trophées qui, après cette destruction, furent envoyés aux Invalides sont, d'après l'*Inventaire,* trois drapeaux enlevés au château de Morée en 1829.

En 1851, un regrettable accident réduisit encore et trop sensiblement le nombre des drapeaux qui remplaçaient les anciens. A la cérémonie des funérailles du maréchal Sébastiani, au moment où le corps était déposé sur le catafalque, un mouvement d'oscillation fit tomber une bougie qui mit le feu à la tenture de l'autel. Les flammes, en un instant, se communiquèrent aux drapeaux conquis en Espagne, en Morée et en Afrique ; sur deux cent trente-quatre on n'en sauva qu'une cinquantaine : un grand pavillon de marine anglaise, pris en 1813 sur un brick, par M. Marmier, et donné depuis le premier incendie ; un autre pris à la Vera-Cruz en 1839 ; huit queues de pacha prises par Bonaparte en Égypte ; une flamme de Saint-Jean d'Ulloa enlevée au Mexique ; une seconde, prise dans l'Océanie ; deux fragments de petits pavillons anglais pris en 1813 ; plusieurs drapeaux espagnols et portugais, envoyés en juillet 1830 par le comte d'Anthouard ; d'autres provenant des campagnes d'Afrique, conquis à Médéah en 1832, à Sickak en 1836, à Ouad-Halley en 1839, à Isly, à Mogador en 1844 ; le drapeau de la République romaine, pris à la villa Pamphili en 1849 ; les drapeaux conquis en Crimée, en Chine, en Italie, au Mexique. Il faut ajouter à cette liste les drapeaux pris à Madagascar, au Tonkin, et les deux drapeaux prussiens

Bataille d'Austerlitz (2 décembre 1805).

Le 4e de ligne culbute à la baïonnette, sur le plateau de Pratzen, le régiment de la garde impériale russe de Moscou.

pris pendant la guerre franco-allemande et dont nous parlerons plus loin.

Il y a actuellement, à l'hôtel des Invalides, trois cent cinquante-neuf drapeaux.

C'est que le drapeau est autre chose qu'un signe de ralliement. Le soldat, la nation entière, y voient une sorte de talisman qui, loin de la patrie, évoque le souvenir du foyer absent. Il représente aux yeux de tous la patrie elle-même. Et mourir sous ses plis en la défendant, c'est mourir de la mort la plus glorieuse. De telle sorte que, par une logique opposition, le fait de prendre un drapeau à l'ennemi est considéré comme un acte exceptionnellement méritoire.

« Tout soldat qui prendra sur l'ennemi une tymbale, un drapeau ou un étendard, lisons-nous dans les règlements de Frédéric II de Prusse, recevra toujours pour récompense une somme considérable ; mais se signaler d'une manière aussi brillante sera la plus puissante recommandation qu'un officier puisse avoir auprès de Sa Majesté et le plus infaillible sujet d'avancement et de préférence. »

Au drapeau se rattache l'honneur du régiment, le perdre est une flétrissure.

Napoléon Ier veillait avec un soin jaloux à ne jamais laisser tomber un drapeau entre les mains de l'ennemi, quelles que fussent les excuses fournies par les circonstances. C'est ainsi que, pendant la retraite de Russie, tous les drapeaux de l'armée étaient sous la surveillance d'une garde spéciale qui ne les abandonna pas, jusqu'à ce que l'empereur les eût fait brûler à Bobr le 23 novembre, avant le passage de la Bérézina.

Pendant la campagne de 1800, la 76e demi-brigade avait perdu un drapeau. Lorsque, cinq ans après, dans l'arsenal d'Insprück, la 76e le retrouva au milieu d'autres trophées, le maréchal Ney le fit rendre à ce régiment dans une touchante cérémonie.

« Les vieux soldats, dit le *Bulletin de la Grande Armée,* avaient les yeux remplis de larmes, et les jeunes conscrits étaient fiers d'avoir servi à reprendre ces enseignes enlevées à leurs aînés par les nécessités de la guerre. L'Empereur a ordonné que cette scène touchante fût représentée par un tableau. »

Le soldat français a pour ses drapeaux un sentiment qui tient de la tendresse; ils sont l'objet de son culte, comme le présent reçu des mains d'une fiancée.

A Austerlitz, un bataillon du 4e de ligne, surpris par une décharge à mitraille, entraîna dans sa fuite le peloton du drapeau. Le porte-drapeau fut tué, et personne ne s'aperçut de la disparition de l'aigle. A la première revue de l'Empereur, le régiment réclama à grands cris un nouveau drapeau en échange de deux drapeaux qu'il avait enlevés à l'ennemi. L'Empereur en promit un, après avoir fait jurer à tout le régiment de mourir jusqu'au dernier homme pour le défendre.

On pourrait multiplier à l'infini d'aussi glorieux exemples suscités par le culte du drapeau.

Nous commencerons par mentionner ici les épisodes qui méritèrent au drapeau de certains régiments la croix de la Légion d'honneur.

Le *Moniteur universel,* journal officiel de l'Empire français, publiait dans son numéro du 14 juin 1859, sous forme de simple note, la décision suivante :

« Paris, le 13 juin 1859.

« Voulant rétablir d'anciennes et glorieuses traditions, l'Empereur a décidé que le régiment qui prendrait un drapeau à l'ennemi porterait la croix de la Légion d'honneur attachée au-dessous de son aigle.

« Le lieutenant-colonel Schmitz est arrivé à Paris en mission, chargé par l'Empereur de remettre à Sa Majesté l'Impératrice le drapeau du 9ᵉ régiment d'infanterie autrichien, qui a été pris à la bataille de Magenta. »

Cette décision porte le numéro 24 dans le livre d'ordres généraux de l'armée d'Italie.

ARMÉE D'ITALIE

—

Nº 24

ORDRE GÉNÉRAL

« L'Empereur, voulant rétablir d'anciennes et glorieuses traditions, a décidé que lorsqu'un régiment prendra un drapeau à l'ennemi, ce régiment sera autorisé à porter la croix d'honneur attachée au-dessous de son aigle.

« Au grand quartier général, à Cavriana, le 27 juin 1859.

« *Le maréchal de France, major général de l'armée d'Italie.*

« Signé : VAILLANT.

« Pour ampliation :

« *Le général de division, aide-major général,*

« Signé : E. DE MARTIMPREY. »

Enfin, le 13 juillet 1880, la veille de la distribution des nouveaux drapeaux à l'armée française, drapeaux qui, comme on le sait, devaient remplacer des emblèmes provisoires qu'on avait depuis la guerre de 1870-71, le général Farre fit approuver par le président de la République le rapport suivant :

« Monsieur le Président,

« Il est de tradition, dans l'armée, que tout corps de troupe qui a pris un drapeau ou un fanion à l'ennemi porte, en commémoration de ce fait glorieux, la croix de la Légion d'honneur attachée à la lance de son drapeau.

« Les corps dont les numéros suivent se trouvent remplir les conditions exigées pour obtenir cette haute distinction : savoir :

« 51e régiment d'infanterie de ligne.
« 57e régiment d'infanterie de ligne.
« 76e régiment d'infanterie de ligne.
« 99e régiment d'infanterie de ligne.
« Bataillon de chasseurs à pied.
« 2e régiment de zouaves.
« 3e régiment de zouaves.
« 1er régiment de tirailleurs algériens.
« 1er régiment de chasseurs d'Afrique.

« En conséquence, à l'occasion de la remise à l'armée de ses nouveaux drapeaux, j'ai l'honneur de vous proposer de conférer à ces corps les insignes de la Légion d'honneur.

« Si vous approuvez ces dispositions, je vous prierai de vouloir bien revêtir de votre signature le présent rapport.

« Veuillez agréer, monsieur le Président, l'hommage de mon respectueux dévouement.

« *Le ministre de la guerre,*

« Général FARRE.

« Approuvé :

« Jules GRÉVY. »

II

CAMPAGNE D'ITALIE (1859)

LE 2e ZOUAVES — LE 10e BATAILLON DE CHASSEURS A PIED — LES CHASSEURS A PIED DE LA GARDE — LE 76e DE LIGNE — LE 3e ZOUAVES (*VALEUR MILITAIRE D'ITALIE*)

LE 2e ZOUAVES A MAGENTA (4 JUIN 1859)

LE RÔLE DE LA DIVISION ESPINASSE — LE ZOUAVE DAURIÈRE ET L'ADJUDANT SAVIÈRES — LE DRAPEAU DES ZOUAVES A FRŒSCHWILLER — SON RETOUR AU CORPS — UN INTÉRESSANT PROCÈS-VERBAL — LE SOLDAT LAPÈRE DU 45e DE LIGNE

Ce fut le 2e zouaves qui eut le premier l'honneur d'avoir son drapeau décoré.

On était au 4 juin 1859. Retardée par des corvées de toute nature, la division Espinasse ne s'était mise en marche qu'à deux heures du matin. Les deux brigades, déployées l'une derrière l'autre en lignes de bataillons en masse, se dirigeaient vers le village de Magenta. Mais le sol couvert de cultures, hérissé de haies nombreuses, planté de vignes, n'est qu'une suite ininterrompue de barrières qu'il faut abattre à coups de sabre. Le canon tonne du côté de Buffalora, et les troupes sont impatientes. Enfin on prend la route d'Inveruno, la 1re brigade et l'artillerie en tête, la deuxième en soutien.

La 2e brigade s'arrête entre Marcollo et Magenta, à deux

kilomètres de ce village. Elle entend en avant d'elle le bruit du combat engagé par la première brigade; mais le terrain est tellement accidenté, qu'il est impossible de voir à plus de cent mètres. Il est cinq heures du soir; le 1er bataillon vient d'être envoyé en soutien des troupes engagées, et les deux autres se portent près d'une briqueterie, lorsque le capitaine Vincendon, du premier bataillon, arrive au galop de son cheval et prévient le général Espinasse qu'une colonne ennemie s'avance en se prolongeant sur notre flanc droit. Au même moment, le capitaine Guillemard, commandant les batteries voisines, appelle au secours de ses pièces, qui risquent d'être prises.

Aussitôt, s'adressant à ses zouaves, le général Espinasse s'écrie :

« Sacs à terre et à la baïonnette! »

Les soldats se précipitent alors en poussant de frénétiques hourras sur la colonne ennemie, qu'ils ont laissée s'avancer jusque sur les pièces; à une centaine de mètres de là, ils tombent sur deux bataillons du 9e d'infanterie autrichien, qui hésitent et se laissent entamer. Le combat est acharné; le zouave Daurière, de la 2e compagnie du 2e bataillon, attaque, avec l'adjudant Savières et quelques hommes, un groupe au milieu duquel on aperçoit un drapeau. La garde refuse de se rendre; elle se fait massacrer pendant que le porte-drapeau essaye de dissimuler l'étendard sous sa capote blanche. Daurière se précipite sur lui, le renverse, tandis que son adversaire, cherchant encore à couvrir le drapeau de son corps, est blessé d'un coup de sabre par l'adjudant Savières, et lâche prise. Le zouave s'empare du trophée, s'élance hors de la mêlée; il brandit, glorieux, le drapeau au-dessus de sa tête. Apercevant Daurière, le général Castagney l'appelle et *touche le drapeau;* il félicite l'heureux vainqueur.

Cependant, notre victoire est encore insuffisante. La 1re brigade, dans son attaque contre Magenta, a échoué. Et pendant que le 2e bataillon du 2e régiment se reforme avec peine, le chef d'escadron Borel, aide de camp du général de Mac-Mahon, transmet au général Espinasse l'ordre d'attaquer le village plus à gauche. Aussitôt les bataillons tournent à gauche, se mettent à la hauteur des voltigeurs de la garde, qui viennent d'arriver, et marchent sur Magenta à la suite de leur général. Les zouaves sont encore à trois cents mètres du village, lorsqu'ils prennent le pas de course; ils escaladent le chemin de fer, malgré le feu meurtrier des Autrichiens qui blesse grièvement le commandant Fondrevaye, et ils se précipitent, les uns dans la rue de la gare avec le colonel Tixier, les autres dans une rue de gauche avec le commandant Morand. Malheureusement le général Espinasse, toujours à la tête de ses troupes, reçoit à bout portant un coup de feu de la maison dite « des volets verts ». Mais les zouaves n'en sont que plus furieux; ils cernent les maisons, enfoncent les portes et massacrent les Autrichiens qui n'ont pas eu le temps de fuir. On fait quelques prisonniers, et le reste bat en retraite vers le sud. Les zouaves sont restés maîtres de leurs positions; et le lendemain, grâce à la ténacité du 2e corps, grâce aussi à la belle conduite des zouaves du 2e régiment, l'armée pouvait enregistrer une grande victoire, celle de Magenta.

Le 11 juin, le régiment quittait le camp de Balbiano, se dirigeant sur celui de Borgo-Satello, au sud de Brescia. Ce fut là que le maréchal de Mac-Mahon lui annonça, dans un ordre général au 2e corps, la récompense dont il était l'objet.

« Le 2e zouaves, qui le premier dans cette campagne a enlevé à Magenta le drapeau du 9e régiment autrichien, recevra demain, par ordre de Sa Majesté, la décoration qu'il a glorieusement gagnée sur le champ de bataille. Cette décision de l'Empereur, en date du 10 de ce mois, sera portée sur le registre des délibérations et sur celui des marches et opérations du régiment. »

Le lendemain, le maréchal vint au camp, et, en présence des troupes sous les armes, il décora de sa main le zouave Daurière et l'aigle du 2e zouaves, cette aigle qui, à cette même bataille de Magenta, avait eu la poitrine traversée par un biscaïen. L'adjudant Savières reçut la médaille militaire.

Ce glorieux trophée, doublement précieux, les zouaves faillirent le perdre.

« Après la fatale journée de Frœschwiller, écrit M. Gueydon de Dives dans l'historique du 2e zouaves, où le régiment, sacrifié pour sauver le reste de sa division, laisse sur le champ de bataille quarante-sept officiers et mille quatre-vingt-huit hommes, une suprême angoisse vient assaillir les six cents survivants : leur drapeau a disparu! On se rappelle l'avoir vu pour la dernière fois près de Frœschwiller, un instant avant le dernier retour offensif contre Wœrth.

« — Zouaves du régiment, dit d'une voix grave le capitaine Béhic aux trois cents hommes qui l'entourent, voulez-vous abandonner votre vieux drapeau, lui que vous avez illustré dans tant de glorieuses campagnes et qui porte, au-dessous de son aigle, l'insigne de l'honneur militaire? »

« On lui répond :

« — En avant! plutôt la mort! »

Le faible détachement fait demi-tour et s'avance dans la direction de Frœschwiller, lorsqu'il rencontre le maréchal de Mac-Mahon, qui veut se faire expliquer les motifs de ce retour insensé.

« — Nous allons chercher notre drapeau qui a été laissé à Frœschwiller, lui répond d'un ton bref le capitaine Béhic; nous ne pouvons le laisser aux mains des Prussiens sans être déshonorés. »

« Le maréchal lui apprend alors qu'avant de lancer le 2e zouaves sur Wœrth, lui-même a donné l'ordre d'envoyer le

Les zouaves sont encore à trois cents mètres du village, lorsqu'ils prennent le pas de course.

drapeau en arrière, parce qu'il prévoyait qu'au retour bien peu survivraient pour le défendre ; il félicite les zouaves sur le dernier sacrifice qu'ils voulaient faire et les rassure encore une fois sur le sort de leur cher drapeau, qu'ils vont retrouver à Reischoffen.

« Au moment de la capitulation de Sedan, l'aigle et la cravate sont enterrés, le drapeau et sa hampe sont brûlés par les ordres du lieutenant-colonel Joanin, en présence du capitaine Mirauchaux et des sapeurs du régiment. Pendant les travaux de déclassement de la place, le portier-consigne Macquart, ex-sergent au 2e zouaves, retrouve l'aigle enterrée dans un des gymnases de la garnison et la remet au lieutenant-colonel Canelle de la Lobbe, commandant la place; celui-ci l'envoie au capitaine André, alors en permission à Nancy, et cet officier la rapporte au régiment et la remet au colonel.

« Ces restes, précieusement réunis, sont aujourd'hui déposés dans la salle d'honneur du régiment; l'aigle de Magenta porte encore, dans sa poitrine trouée, son brevet de la Légion d'honneur. »

N'est-ce pas là un des plus beaux exemples du culte voué au drapeau?

Nous ne quitterons pas ce beau régiment sans donner le procès-verbal d'enquête constatant la prise par le 2e zouaves du drapeau du 9e autrichien, à la bataille de Magenta. Rien ne saurait mieux montrer l'honneur qu'attache un régiment à la prise d'un trophée ennemi.

Et rien non plus ne prouverait davantage la part glorieuse que prit à la défaite du 9e autrichien un autre régiment français, le 45e de ligne.

Si le drapeau du 45e n'a pas eu la chance d'être décoré, il résulte, comme on va le voir, de ce procès-verbal, que le soldat Lapère, de ce régiment, est parfaitement reconnu comme ayant pris un drapeau ennemi. Seulement, moins heureux que Daurière, Lapère n'a pu le conserver.

Procès-verbal d'enquête constatant la prise par le 2e zouaves du drapeau du 9e autrichien, à la bataille de Magenta.

« Aujourd'hui, seize juin mil huit cent cinquante-neuf, la commission d'enquête instituée par l'ordre de Son Excellence M. le Maréchal commandant en chef le 2e corps, du 11 de ce mois, dans le but d'éclaircir des doutes qui se sont élevés sur la question de savoir lequel des deux régiments, du 45e d'infanterie ou du 2e zouaves, a enlevé le 4 juin, à l'ennemi, le drapeau d'un régiment autrichien, s'est réunie chez son président, M. le général Gaudin de Villaine, et sur sa convocation.

« Étaient présents à la séance, indépendamment du président : MM. le général Auger, commandant l'artillerie du 2e corps; le colonel de Laveaucoupet, chef d'état-major de la 1re division; le colonel Poulle, chef d'état-major de la 2e division; le lieutenant-colonel Prudon, chef d'état-major du génie. De Laveaucoupet et Poulle, chefs d'état-major, l'un de la division à laquelle appartient le 45e, l'autre de celle dont fait partie le 2e zouaves, témoins l'un et l'autre des faits qu'ont à produire les deux corps et appelés forcément à éclaircir la question par leur témoignage, ont désiré s'abstenir comme juges de cette question, sur laquelle d'ailleurs ils avaient leur opinion faite d'avance.

« Cette abstention motivée étant admise, la commission a successivement entendu ceux des officiers, sous-officiers et soldats du 45e et du 2e zouaves indiqués par chacun des deux corps comme témoins de la prise du drapeau revendiqué.

« Il résulte de la déposition de M. le colonel du 45e que, lorsque ce régiment a été lancé, en débouchant de Buffalora, contre l'ennemi qui se présentait en force à gauche du chemin conduisant à Magenta, il eut affaire à un régiment autrichien, le repoussa jusque dans la ferme de Cassina-Nuova, entoura cette ferme, fit mettre bas les armes à une partie de ce régiment, et se mit à la poursuite de l'autre qui se retirait avec le drapeau dans une direction intermédiaire, entre Marcallo et Magenta. Cette poursuite, longtemps prolongée, était continuée à outrance par une fraction du 45e, composée des plus vigoureux soldats, quand la colonne en retraite vint se heurter contre une partie du 2e zouaves, qui s'élança contre elle. Abordés ainsi des deux côtés, les restes du régiment ne tardèrent pas à être détruits ou faits prisonniers.

« C'est à ce moment qu'un grenadier du 45e, nommé Lapère, arrivé le premier dans le groupe autrichien qui entourait le drapeau, s'en serait saisi, mais en aurait été dépossédé par un zouave arrivé sur l'ennemi presque en même temps.

« Le nommé Mallet, sergent au 45e, déclare avoir vu un grenadier du 45e se jeter sur le drapeau qui était à terre, le saisir, et, presque au même instant, un zouave se relever avec le drapeau à la main.

« Lapère, grenadier au 45e, dépose qu'arrivé le premier sur la colonne poursuivie par son régiment depuis la sortie de la ferme, au moment où elle mettait bas les armes, il aperçut à terre, dans la masse des prisonniers, un drapeau dont il s'empara sans opposition autre que celle d'un Autrichien qui se trouvait près de cet insigne, et qu'il se contenta de repousser. Des zouaves, survenus en ce moment, lui arrachèrent son trophée, que l'un d'eux présenta à un capitaine à cheval. Après quoi, le grenadier rejoignit sa compagnie et raconta à ses camarades le mécompte qui venait de lui arriver. Sur la demande qu'on lui fit d'indiquer la couleur du drapeau, le témoin répond qu'il était jaune et noir, et qu'il lui a paru

Mais les zouaves n'en sont que plus furieux ; ils cernent les maisons, enfoncent les portes.

présenter, dans la partie supérieure, l'aspect d'un fanion de lancier.

« Laurent Pierre, de la même compagnie que Lapère, a vu celui-ci se précipiter sur le drapeau et le saisir; après quoi il ne l'a plus aperçu. Mignet Jean-Baptiste, même compagnie, qui était, dit-il, à trois pas du grenadier Lapère, a vu le drapeau enlevé par un zouave des mains de ce grenadier; il ajoute qu'un capitaine du 2e d'infanterie a été témoin du fait et pourrait l'attester. Ce capitaine aurait dit au zouave :

« — Ne vous glorifiez pas de ce trophée; ce n'est pas vous qui l'avez pris. »

« — M. le général Castagney, commandant la 3e brigade de la 2e division, déclare que, quand le capitaine d'artillerie Guillemard demanda l'appui du régiment de zouaves contre une colonne profonde s'avançant sur ses pièces, M. le général de division Espinasse, s'adressant lui-même aux zouaves, leur recommanda de laisser l'ennemi s'avancer jusque sur les pièces avant d'agir, et que ce ne fut que quand la colonne autrichienne arriva sur la première pièce, qu'il la fit charger à la baïonnette. Elle fut repoussée, et au milieu de la mêlée d'un groupe nombreux où l'on se battait à la baïonnette, le général vit sortir un zouave un drapeau à la main, fit approcher ce zouave, toucha lui-même ce drapeau, qui était celui du 9e autrichien.

« M. le capitaine d'état-major Dornon, aide de camp de M. le général Espinasse, dit que, lorsque le capitaine d'artillerie a prévenu qu'on menaçait ses pièces, il y avait près de la batterie deux colonnes de zouaves formant un bataillon environ. Dès que l'ennemi fut jugé assez rapproché, elles reçurent l'ordre de déposer leurs sacs et de charger. La masse ennemie fut rompue, et il a vu alors très distinctement, d'un groupe où l'on ne voyait que des uniformes blancs, surgir un zouave tenant un drapeau à la main; il a même été témoin d'une lutte quand le drapeau s'est élevé au-dessus des têtes.

« M. de Choiseul, maréchal des logis au 4e hussards, porte-fanion du général de division Espinasse, était à pied lorsque le capitaine d'artillerie Guillemard est venu dire que ses pièces étaient menacées. Après que les zouaves, ayant mis sac à terre, eurent été lancés par le général Espinasse contre l'ennemi arrivé sur les pièces, il a vu la colonne autrichienne, refoulée, s'arrêter un instant pour se rendre. Quand, au milieu d'un groupe compact, ce sous-officier a vu enlever un drapeau par un zouave, la colonne ennemie était nombreuse et encore en ordre.

« M. le capitaine Régnier, de l'état-major de la 2e division, fait une déposition en tout conforme à la précédente. Il ajoute seulement qu'après la rupture de la colonne autrichienne il y a eu une certaine confusion dans la colonne des zouaves; on a sonné au drapeau pour la rallier, et ce n'est qu'après le ralliement, c'est-à-dire après un quart d'heure, qu'il a aperçu la colonne du 45e.

« M. le capitaine d'état-major Lefebvre, aide de camp de M. le général Castagney, dépose du même fait présenté de la même manière. Cet officier a très bien vu le drapeau enlevé par un zouave, dans un groupe serré ne présentant que des uniformes blancs.

« M. le capitaine d'état-major Granthil, sous les yeux de qui s'est passé l'épisode du drapeau, n'a pas vu, lors de cette prise, un seul soldat du 45e; cet officier n'en a aperçu qu'après le ralliement des zouaves.

« M. Gambier, lieutenant-colonel du 2e zouaves, dépose des mêmes faits.

« M. Savières, adjudant sous-officier au 2e zouaves, dit qu'après la rupture de la colonne autrichienne, il s'est précipité avec plusieurs hommes sur le groupe où se trouvait le drapeau du régiment; un zouave, le nommé Daurière, plus leste que les autres, s'en est saisi; lui, adjudant, n'a fait qu'aider à la prise en blessant le porte-drapeau.

« Daurière Blaise, du 2e zouaves (2e bataillon, 2e compa-

Les grenadiers de la garde en avant de Magenta.

gnie), dit qu'après un certain temps de poursuite de la colonne autrichienne par les zouaves, sa compagnie était en tête et qu'il s'est ainsi trouvé en mesure, quand cette colonne fut atteinte et rompue, de se précipiter le premier sur le drapeau, que le porte-drapeau cherchait à cacher sous sa capote et à terre, et dont la garde refusait de se rendre. Il déclare qu'il n'a vu autour de lui que des zouaves.

« Il résulte des dépositions précédentes :

« 1° Que le 45e, après avoir poursuivi en avant de la ferme de Cassina-Nuova, située à gauche du chemin de Buffalora à Magenta, une colonne autrichienne dont une partie s'était déjà rendue, fit mettre bas les armes au reste de la colonne au moment où elle se heurtait contre une partie du 2e zouaves venant du côté de Marcallo; qu'en ce moment un grenadier du 45e, le nommé Lapère, a pris un drapeau au milieu d'un groupe d'Autrichiens désarmés; que ce drapeau lui fut disputé par un zouave qui en est demeuré définitivement possesseur, mais que ce zouave reste jusqu'à présent inconnu, et que le drapeau ne s'est pas retrouvé;

« 2° Que, d'un autre côté, une grande partie du 2e zouaves se trouvant réunie à proximité des pièces mises en batterie en avant du chemin de Marcallo à Magenta, lorsque le capitaine de la batterie vint déclarer qu'elle était menacée par l'arrivée d'une colonne autrichienne, reçut l'ordre du général Espinasse de repousser cette colonne dès qu'elle arriverait sur les pièces; qu'après avoir, en effet, attendu un instant, les zouaves déposèrent leurs sacs, exécutèrent une charge à la baïonnette contre cette colonne, la rompirent et lui firent mettre bas les armes; qu'alors l'un d'eux, le nommé Daurière, se lançant au milieu d'un groupe qui se défendait encore, se saisit d'un drapeau qui se trouve être celui du 9e d'infanterie autrichien. Tous les témoignages recueillis concourent à prouver qu'à ce moment aucun homme du 45e n'était là; que, par suite, la prise du drapeau du 9e autrichien est un fait en dehors de celle du drapeau revendiqué par le 45e, et que ce fait concerne le 2e zouaves seul.

« D'après cela la commission, qui, en définitive, a pour mission d'éclaircir le fait de la prise, par l'un ou par l'autre des deux corps français, du seul drapeau qui ait été présenté, tout en regrettant que les traces d'un autre drapeau dont le 45e revendique la prise n'aient pu être retrouvées, se borne à reconnaître comme incontestablement établi l'enlèvement à l'ennemi du drapeau du 9e régiment d'infanterie autrichien par le 2e zouaves, que ce dernier régiment a rapporté comme trophée de la bataille de Magenta.

« Fait et clos à Castrezzato, le jour, mois et an que dessus.

« *Le général de brigade*,

« AUGER.

« *Le lieutenant-colonel du génie*,

« PRUDON.

« *Le général de brigade, président*,

« GAUDIN DE VILLAINE. »

LES CHASSEURS A PIED ET LE 76e DE LIGNE A SOLFÉRINO (24 JUIN 1859)

CHASSEURS A PIED ET CHASSEURS A PIED DE LA GARDE — LE SERGENT GARNIER ET LE CHASSEUR MONTEILLER — LE DRAPEAU DES CHASSEURS DE LA GARDE A METZ, SAUVÉ PAR ANTOINE LAURENT — LA GÉNÉREUSE INTERVENTION DE Mme ADAM — SON RÉCIT — AUX INVALIDES — LES ERREURS DU GÉNÉRAL DE CISSEY — DEUX CROIX POUR UN DRAPEAU — LE 76e DE LIGNE — CLAVEL ET ALLÈGRE — LE CHASSEUR DREYHER

C'est à Solférino, le 24 juin. Un détachement du 10e bataillon de chasseurs, s'élançant par une brèche dans le cimetière, se jette sur le 60e régiment autrichien (prince de Wasa), qui défend cette formidable position, réduit presque inexpugnable dont les murs durent être abattus par le canon. L'ennemi a à peine le temps de nous envoyer une seule décharge, qu'il est culbuté et rejeté hors du cimetière. Au milieu de l'encombrement de la mêlée, le sergent Garnier, du 10e bataillon, aperçoit le drapeau du régiment autrichien, autour duquel se groupent quelques défenseurs. Aidé de quelques chasseurs, il se jette sur eux et parvient, après une lutte acharnée, héroïque, à s'emparer du drapeau ennemi. Quelques instants après, Garnier le remettait au maréchal Baraguey d'Hilliers, qui l'offrait à l'Empereur de la part du 10e bataillon de chasseurs à pied.

Le drapeau des chasseurs à pied méritait aussi d'être décoré de la croix des braves...

Le même jour, le bataillon de la garde impériale couronnait les hauteurs de Solférino, vers le mont des Cyprès.

Tout à coup, vers quatre heures du soir, un roulement confus se fait entendre dans le village : on dirait une charge de cavalerie. C'est une batterie d'artillerie, qui, lancée à fond de train, cherche à se faire jour pour éviter d'être prise. Mais, campée sur la route, la section du lieutenant Moneglia l'attend avec calme et tire sur elle à bout portant. Il se produit alors une indescriptible mêlée ; hommes et chevaux tombent en même temps, et la batterie reste clouée sur place. L'officier autrichien remet son épée entre les mains du lieutenant Moneglia, et nous abandonne les cinq pièces d'artillerie.

Un autre détachement autrichien, probablement égaré, revient dans le village. On le cerne, on le prend. C'est du côté de l'ennemi une débandade continuelle. Des corps entiers s'enfuient en désordre, abandonnant armes et bagages. Et dans cette déroute éperdue ils songent à peine à leur drapeau, que le chasseur Monteiller leur arrache avec audace.

Ce trophée, qui illustrait à jamais le bataillon de chasseurs de la garde, valut à son aigle la croix de la Légion d'honneur. Le sergent Garnier et le chasseur Monteiller furent aussi décorés.

Le chasseur Dreyher le fut également ; car, en tuant d'un coup de sabre-baïonnette le porte-drapeau du régiment (prince

Windischgratz), il facilita la prise du trophée aux soldats Clavel et Allègre, du 76e de ligne.

Ce fut à la rentrée d'Italie que le maréchal Regnaud de Saint-Jean-d'Angely attacha la croix au drapeau de la garde.

« Je viens, dit-il aux chasseurs, attacher une décoration à votre drapeau, symbole de courage, de discipline et de dévouement militaire. Que ce drapeau, décoré en récompense de votre valeur, vous devienne plus cher encore. Que chacun de vous comprenne que cette croix d'honneur, qui marchera désormais à votre tête et dont les rayons se reflètent sur tous les bataillons, c'est le but auquel il doit aspirer; et la France, notre chère patrie, saluera en vous les enfants dont elle peut s'enorgueillir. »

Et le 15 décembre 1859, à Vincennes, le maréchal Magnan, délégué par l'Empereur, décorait l'aigle des bataillons en présence des 4e, 11e et 19e bataillons de chasseurs à pied. Le 10e était représenté par son héros, le sergent Garnier.

Voici d'ailleurs l'ordre qui annonçait au 10e bataillon la récompense accordée au drapeau de l'arme :

« Le 24 juin, à la bataille de Solférino, le sergent Garnier avait enlevé un drapeau aux Autrichiens du 60e régiment (prince Wasa). Tous les corps qui avaient enlevé des drapeaux à l'ennemi avaient vu décorer leur aigle, et le 10e bataillon n'avait cessé de réclamer une faveur semblable.

« Enfin le commandant est heureux de porter à la connaissance du bataillon que l'Empereur, sur la proposition du ministre de la guerre, a décidé que le drapeau des chasseurs à pied, qui est en dépôt à Vincennes, serait décoré de la croix d'honneur, en raison du drapeau enlevé à la bataille de Solférino par le 10e bataillon.

« Le commandant : Bressolles. »

Le drapeau des chasseurs de la garde, qui avait été emporté à l'armée de Metz, fut longtemps considéré comme perdu. Grâce à la généreuse intervention d'une femme de cœur, Mme Adam, ce glorieux trophée est aujourd'hui aux Invalides. Voici comment l'éminente directrice de la *Nouvelle Revue* a raconté ce touchant épisode.

« Vous me rappelez là une des plus poignantes émotions de ma vie, dit-elle. Mais je vous avouerai tout d'abord que, si l'on s'est adressé à moi, c'est qu'on sait là-bas, en Alsace-Lorraine, combien je suis restée inébranlablement fidèle au souvenir des provinces perdues et à l'espérance de leur retour à la mère patrie. Rien ne se fait, rien ne se passe en pays annexé sans que j'en sois aussitôt informée.

« Donc, un jour, en 1888, je reçus une lettre de Nancy, lettre presque banale, insignifiante, à laquelle je ne répondis pas.

« Il s'agit d'un drapeau, m'écrivait-on quelques jours après. Je partis.

« J'arrivai chez un individu nommé Antoine Laurent, plongé dans une misère affreuse et qui, dans son pauvre logis, conservait religieusement le drapeau des chasseurs.

« Son oncle et gendre à la fois, Antoine Laurent aussi, était, pendant la guerre, ouvrier à l'arsenal de Metz. Le 28 octobre, le lendemain de la capitulation, Laurent aperçut dans l'arsenal un drapeau qui brûlait. Trompant la vigilance des Allemands, il saisit le trophée et le mit encore tout fumant sur sa poitrine en le dissimulant sous ses vêtements. C'était le drapeau des chasseurs de la garde.

« Quand le brave homme mourut, il confia la précieuse relique à son gendre en prononçant mon nom, et lorsque celui-ci, chassé de Metz quelques années plus tard, vint se fixer à Nancy, il songea à restituer, par mon intermédiaire, le dépôt sacré que lui avait légué son oncle.

« Revenue à Paris, j'informai les chasseurs et le ministre de la guerre. Un officier partit pour Nancy, afin de rapporter le trophée dont je n'avais pas voulu tout d'abord me charger. Mais Laurent, fidèle à la recommandation de son beau-père, déclara qu'il ne le remettrait qu'à moi-même.

« J'envoyai de l'argent pour le voyage. Laurent arriva et me remit enfin ce drapeau, que, dans un mouvement de poignante émotion, je couvris de mes larmes.

« Le gouvernement témoigna sa reconnaissance à Laurent, en accordant à sa femme un bureau de tabac. Je donnai le drapeau au général Saussier, qui le fit mettre aux Invalides, et le président de la République voulut bien me remercier d'avoir contribué à la restitution de cet emblème.

« Si mes souvenirs sont exacts, il reste presque toute la partie blanche, environ la moitié de la rouge, et bien peu de la partie bleue; les inscriptions sont encore très lisibles. »

Quant au drapeau des chasseurs à pied proprement dit, au moment de la déclaration de la guerre contre l'Allemagne, le 7e bataillon, qui en était alors le dépositaire, le remit à la place de Paris avant de partir pour la frontière.

On sait qu'après nos malheurs de 1870-71, les drapeaux qui n'avaient pas été pris ou détruits furent versés à l'artillerie, et que les corps durent se procurer provisoirement des drapeaux aux frais de la masse générale d'entretien. Ne voulant pas attendre la distribution solennelle des drapeaux pour permettre aux chasseurs à pied de perpétuer le souvenir de Solférino, le général de Cissey, ministre de la guerre, fit paraître la décision suivante, le 22 juillet 1872 :

« Pendant la campagne de 1859, en Italie, le bataillon de chasseurs à pied de l'ex-garde, actuellement le 21e, et le 10e bataillon, ont enlevé chacun un drapeau à l'ennemi. Afin de perpétuer le souvenir de ces glorieux faits d'armes, en exécution de la décision impériale du 17 novembre 1859, la croix de la Légion d'honneur a été donnée aux deux aigles qu'avaient reçues, d'une part le bataillon de chasseurs à pied et l'ex-garde, et de l'autre l'arme des chasseurs. Le ministre de la guerre a décidé, à la date du 27 juillet courant :

« 1° Qu'un nouveau drapeau serait remis à l'arme des chasseurs à pied en remplacement des deux aigles qui avaient été remises à cette arme (garde et ligne);

« 2° Que l'insigne de la Légion d'honneur, qui avait été attaché à l'aigle du bataillon de la garde, et qui avait été remis au dépôt central de l'artillerie avec cette aigle, en exécution de la circulaire du 5 juillet 1871, serait suspendue au nouveau drapeau des chasseurs à pied. Le drapeau sera très prochainement transmis, par le service de l'artillerie, à M. le gouverneur de Paris, qui le remettra à M. le général commandant la place pour être confié, lors des revues et cérémonies militaires, au 10e bataillon de chasseurs à pied ou du 21e (ex-garde) si l'un de ces bataillons est à la prise d'armes, au premier de ces corps s'ils y sont tous les deux, et, en leur absence, à celui des bataillons présents à la revue qui occupera la droite dans l'ordre de bataille.

« Versailles, le 22 juillet 1872.

« *Le ministre de la guerre,*

« De Cissey. »

Dans son remarquable ouvrage sur l'historique des chasseurs à pied, M. le lieutenant Richard relève une erreur dans cette circulaire : ce n'est pas le 21e qui a reçu le contingent de l'ancien bataillon de la garde, c'est le 24e bataillon de chasseurs à pied actuel.

Il nous semble qu'il y a, en outre, une inexactitude sur un point et un manque de clarté sur un autre.

En effet, après avoir reconnu qu'à Solférino le bataillon des chasseurs à pied de la garde et le 10e des bataillons de ligne avaient mérité chacun la croix de la Légion d'honneur, M. le général de Cissey, aussitôt après cette constatation, semble n'autoriser les chasseurs à porter la croix à leur unique drapeau, — puisque la garde n'existe plus, — que parce que « l'insigne de la Légion d'honneur avait été attaché à l'aigle du bataillon de la garde ». Il ne parle pas du tout de l'insigne attaché à celle du 10e bataillon, et qui suffisait à motiver la décision du général.

Ce n'est pas une croix, mais deux, que devrait porter à sa cravate le drapeau des chasseurs à pied.

D'autre part, n'est-il pas bizarre que le drapeau de la garde, qui, lui, était parti à la frontière, puisqu'il a été retrouvé à Metz dans l'arsenal, ait eu son insigne de la Légion d'honneur et son aigle déposés à l'artillerie, en exécution de la circulaire du 5 juillet 1871? L'aigle désigne-t-elle ici la partie pour le tout? Et encore, si cela était, il serait bien difficile d'admettre que, pour faire la campagne, le drapeau ait été dépouillé de ses ornements, dont l'un, au moins, était bien glorieux!

Il a été beaucoup question, dans le public, sinon au ministère, d'accorder un drapeau à chacun des bataillons de chasseurs à pied. Nous devons à la vérité de dire que les arguments les plus sérieux sont en faveur de cette transformation; mais nous devons aussi ajouter que les chasseurs à pied sont très fiers de leur unique drapeau.

Cette particularité les spécialise encore davantage. Ils ne sont ni de l'infanterie, ni de la cavalerie; ils sont *chasseurs à pied*.

Nous ne dirons pas ici nos préférences, qui risqueraient peut-être de flatter les uns en froissant les autres.

Quel que soit le nombre de leurs drapeaux, les chasseurs à pied auront toujours assez de gloire pour les illustrer tous!

LE 76e RÉGIMENT D'INFANTERIE (SOLFÉRINO, 24 JUIN 1859)

Le 76e, qui marchait à l'arrière-garde du 4e corps, se trouvait en réserve en avant de Médole pendant la première partie de la journée du 24 juin 1859.

Vers midi, le 1er bataillon fut dirigé sur Rebecco, où il repoussa deux contre-attaques, tandis que le 3e bataillon, qui occupait la ferme de Baïte avec ordre de la défendre à tout prix, fut assailli plusieurs fois, de une heure à sept heures, par de nombreuses colonnes toujours repoussées à la baïonnette. Le 2e bataillon de ce régiment n'entra en ligne qu'à quatre heures, obligé qu'il fut de courir au secours du 2e bataillon de chasseurs que des masses importantes d'ennemis avaient assailli dans la ferme de Casa-Nova. Attaqués à la baïonnette avec une incomparable vigueur, à la lisière du bois de Casa-Nova, les Autrichiens, malgré leur supériorité numérique, durent prendre la fuite. C'est pendant cette poursuite que le fusilier Clavel, de la 3e compagnie, s'élança sur le drapeau du 35e autrichien. Devant la résistance du porte-drapeau, une lutte s'engage, terrible, entre les deux hommes.

Renversé, Clavel sent sa conquête lui échapper, mais le fusilier Allègre se précipite au secours de son camarade; en même temps le nommé Dreyher, du 6e bataillon de chasseurs à pied, accourt aussi et tue le porte-drapeau d'un coup de sabre-baïonnette, facilitant ainsi à Clavel la prise du trophée.

Clavel reçut la croix, ainsi que Dreyher, Allègre la médaille militaire, et, en souvenir du drapeau pris aux Autrichiens, celui du 76e fut décoré, et le nom de Solférino brille dans ses plis. Ce fut le 31 juillet, à Crémone, que, dans une cérémonie touchante et grandiose, lui fut remise la croix de la Légion d'honneur. Devant toutes les troupes de la garnison en grande tenue, — l'artillerie divisionnaire, le 15e bataillon de chasseurs, les 2e, 53e, 55e et 76e de ligne, formés en carré, — le général de Failly s'écria : « Soldats du 76e de ligne, vous êtes du petit nombre de ceux qui ont eu le bonheur d'arracher un drapeau à l'ennemi; si la guerre se renouvelait, je m'estimerais heureux d'être appelé à vous commander de nouveau... Avec des soldats tels que vous, nous serions invincibles!... » Puis la division, fièrement, défila devant le glorieux drapeau du 76e.

LE DRAPEAU DU 3e ZOUAVES DÉCORÉ DE LA MÉDAILLE D'OR *AL VALOR MILITARE* PAR LE ROI DE SARDAIGNE (PALESTRO, 31 MAI 1859)

RÔLE PRÉPONDÉRANT DU 3e ZOUAVES A PALESTRO — AU PONT DE LA BRIDDA — NEUF PIÈCES DE CANON PRISES A L'ENNEMI — CINQ-CENTS PRISONNIERS — UNE LETTRE DE VICTOR-EMMANUEL — DÉCORATIONS ITALIENNES

Le 3e zouaves, qui devait avoir son drapeau décoré pendant la campagne du Mexique, joua un rôle important à la bataille de Palestro, le 31 mai 1859.

Il nous a semblé que cet épisode de la campagne d'Italie avait sa place tout indiquée ici, puisque la conduite de ce vaillant régiment valut à son drapeau une récompense particulière d'un souverain étranger.

Aujourd'hui que l'Italie nous témoigne sa reconnaissance en s'associant contre nous à la Triple-Alliance avec l'espoir non déguisé de nous battre un jour [1], il n'est pas sans intérêt de signaler un épisode de la guerre d'Italie qui valut à nos armes une distinction exceptionnelle.

Donc, le 31 mai, le 3e zouaves avait été envoyé au roi pour renforcer la droite de l'armée du roi de Sardaigne, fortement menacée par les Autrichiens.

Après avoir pris les cinq pièces de la batterie autrichienne sur le plateau de la Sesia, une partie du régiment se dirigea vers la Cascina San-Pietro, tandis que l'autre marcha vers le pont de la Bridda, qu'occupait solidement l'ennemi.

Ce pont, défendu en avant par un moulin crénelé et garni de tirailleurs, était protégé à gauche par d'épais taillis d'acacias bordant un canal profond.

Le cri : « En avant! » retentit, et, d'un bond, la colonne fait irruption à l'entrée du pont au milieu des Autrichiens, qui combattent vigoureusement. Deux pièces de canon sont enlevées; l'ennemi, abandonnant les fenêtres et les créneaux du moulin, se précipite vers le pont. Il le trouve encombré et se jette dans le canal. C'est une indescriptible mêlée. La plupart des Autrichiens, emportés par la rapidité du courant, se noient. On n'entend que des cris au milieu de la fusillade. Quelques rares nageurs parviennent cependant à gagner la rive opposée; d'autres sont sauvés par les zouaves, qui leur tendent une main généreuse.

Mais une autre colonne ennemie débouche par la route de Rosasco. On ne peut franchir le pont qu'à la file, tant il est encombré de cadavres. Néanmoins les zouaves, comme un torrent, se précipitent derrière le commandant de Briche, au

[1] Il faut reconnaître cependant que depuis quelque temps, en dépit de la Triplice, les relations entre l'Italie et la France sont devenues beaucoup plus amicales et que des traités de commerce avantageux ont rapproché les deux pays.

Bataille de Solférino (24 juin 1859).
Les voltigeurs et les chasseurs de la garde attaquent le mont des Cyprès, et la tour et le village de Solférino.

milieu des morts et des blessés. Ils enlèvent le pont et abordent l'ennemi à la baïonnette. Le sous-lieutenant Henry, porte-drapeau, chasse l'ennemi à coups de hampe et trace la marche; une balle, que lui tire à bout portant un Autrichien blessé, lui fracasse le genou. Le sergent Lafont s'empare de l'aigle, autour de laquelle siffle la mitraille. Il fait quelques pas, et tombe aussi. Pour la sixième fois le drapeau change de mains : c'est le sous-lieutenant Souvervie qui le reçoit d'un sous-officier blessé.

L'élan est irrésistible. Le sous-lieutenant Goulé, la poitrine traversée par une balle, de sa voix défaillante anime encore ses soldats. Le sous-lieutenant Couturier, après une lutte corps à corps avec des officiers autrichiens, qu'il désarme, a la main brisée par un projectile. Mais l'ennemi commence à plier sous le souffle de l'ardeur qui anime nos zouaves; il est obligé d'abandonner la position et se retire par la route de Rosasco, en nous laissant encore deux canons.

Pendant ce temps, sur notre gauche, les trois compagnies du commandant Dumoulin, lancées sur la Cascina San-Pietro, avaient culbuté l'ennemi.

Les zouaves se rejoignirent avec le colonel au delà du pont de la Bridda.

Plus de huit mille hommes de la division Jellachich avaient été engagés contre les deux mille six cents zouaves du 3e régiment, qui ramenaient comme trophées *neuf pièces de canon et plus de cinq cents prisonniers!*

A la Bridda, devant le régiment rassemblé, l'Empereur, serrant la main du colonel de Chabron, lui dit :

« C'est très bien, colonel; vous avez dignement soutenu votre vieille réputation. »

Et le lendemain, 1er juin, le 3e zouaves était mis à l'ordre du jour de l'armée d'Italie :

« ... Le 3e zouaves, disait cet ordre, commandé par son brave colonel Chabron, après avoir jeté un coup d'œil sur la position et avant que le roi ait eu le temps de le faire appuyer par du canon, s'est élancé sans faire feu sur la batterie, a tué à la baïonnette et jeté à l'eau les compagnies de soutien placées au delà du canal, s'est emparé de neuf pièces de canon et a fait cinq cents prisonniers.

« L'Empereur met ce glorieux fait d'armes à l'ordre de l'armée. »

« Monsieur le colonel, écrivait de son côté Victor-Emmanuel au colonel de Chabron,

« L'Empereur, en plaçant sous mes ordres le 3e zouaves, m'a donné un précieux témoignage d'amitié. J'ai pensé que je ne pourrais mieux accueillir cette troupe d'élite qu'en lui fournissant immédiatement l'occasion d'ajouter un nouvel exploit à ceux qui, sur les champs de bataille d'Afrique et de Crimée, ont rendu si redoutable à l'ennemi le nom de zouave.

« L'élan irrésistible avec lequel votre régiment, monsieur le colonel, a marché hier à l'attaque a excité toute mon admiration : se jeter sur l'ennemi à la baïonnette, s'emparer d'une batterie en bravant la mitraille, a été l'affaire de quelques instants. Vous devez être fier de commander à de pareils soldats, ils doivent être heureux d'obéir à un chef tel que vous.

« J'apprécie vivement la pensée qu'ont eue vos zouaves de conduire à mon quartier général les pièces d'artillerie prises aux Autrichiens, et je vous prie de les en remercier de ma part.

« Je m'empresserai d'envoyer ce glorieux trophée à S. M. l'Empereur, auquel j'ai déjà fait connaître la bravoure incomparable avec laquelle votre régiment s'est battu hier à Palestro et a soutenu mon extrême droite.

« Je serai toujours heureux de voir le 3e zouaves combattre à côté de nos soldats et cueillir de nouveaux lauriers sur les champs de bataille qui nous attendent. Veuillez, monsieur le colonel, faire connaître ces sentiments à vos zouaves.

« VICTOR-EMMANUEL. »

Ce vœu ne semble-t-il pas quelque peu ironique aujourd'hui?

A la suite du combat de Palestro, le colonel de Chabron reçut la croix de commandeur de l'ordre militaire de Savoie; trente-six croix d'officier et de chevalier étaient accordées aux officiers, et cent quarante-sept sous-officiers, caporaux et zouaves reçurent la médaille en argent *Al valor militare.*

De plus, voulant récompenser le régiment d'une façon particulière, le roi de Sardaigne accorda en outre au 3e zouaves la médaille d'or *Al valor militare*, qu'on voit attachée depuis à la cravate du drapeau.

La *Gazette piémontaise* du 21 juin 1859, en publiant la liste de ces récompenses, dit :

« Le 3e régiment des zouaves français est particulièrement l'objet de la considération du roi. »

Les temps sont bien changés!

III

LES DRAPEAUX DÉCORÉS AU MEXIQUE DE 1862 A 1865

LE 99e DE LIGNE A LA BARANCA SECCA ET AU BORREGO — L'ORDRE DU JOUR DU GÉNÉRAL DE LAURENCEZ — PRISE DE DEUX DRAPEAUX ET TROIS FANIONS

LE 1er CHASSEURS D'AFRIQUE A SAN-LORENZO — BELLE CONDUITE DU CAPITAINE DE MONTARBY — LE CHASSEUR BORDES — LES LANCIERS DE DURANGO

LE 3e TIRAILLEURS A SAN-LORENZO — DEUX DRAPEAUX MEXICAINS — TÉMOIGNAGES IRRÉFUTABLES — LA CÉRÉMONIE DE GUADALAJARA — LE DRAPEAU DU 3e TIRAILLEURS A PARIS — LA DÉCORATION DU DRAPEAU DU 2e TIRAILLEURS

LE 3e ZOUAVES A SAN-LORENZO (8 MAI 1863) — LE SOUS-LIEUTENANT HENRY ET LE ZOUAVE STUM — UNE BELLE LETTRE — ADIEUX DE BAZAINE AU RÉGIMENT — L'APPRÉCIATION DU GÉNÉRAL D'AUTEMARRE

LE 51e DE LIGNE A SAN-LORENZO, A VALLE-SANTIAGO (3 FÉVRIER 1864) — A GUAYMAS (29 MARS 1865) — LE COLONEL GARNIER — LE CAPITAINE DE GALLIFET REMET, A VICHY, A L'EMPEREUR, LES PREMIERS DRAPEAUX ET FANIONS PRIS AU MEXIQUE — DESCRIPTION DE CES TROPHÉES

LE 99e DE LIGNE AU MEXIQUE (18 MAI ET 14 JUIN 1862)

Après l'attaque infructueuse du 5 mai 1862 contre Puebla, e général de Lorencez, craignant de voir ses communications avec la Vera-Cruz interceptées par la saison des pluies et d'éprouver ainsi une grande difficulté pour assurer les ravitaillements de ses troupes, songea à rétrograder vers Orizaba, où le corps expéditionnaire arriva vers le 18 mai.

De Tepeaca à Orizaba, le mouvement rétrograde s'opéra dans l'ordre le plus imposant et fut signalé à la Baranca Secca par le beau fait d'armes du 2e bataillon du 99e de ligne, qui réussit à dégager les troupes de Marquez, vivement assaillies par Zaragoza, au moment où elles cherchaient à nous rejoindre. Dépourvu d'argent et d'approvisionnement, Marquez comptait tout au plus quatre mille hommes, tant d'infanterie que de cavalerie, avec six obusiers de montagne. Fantassins et cavaliers étaient presque nus, sans chaussures, sans équipement, mal armés, à court de munitions; les chevaux étaient très fatigués.

Le combat fut terrible, mais la journée fut belle pour le drapeau du 99e. Avec son bataillon, le commandant Lefebvre accomplit des prodiges. Douze cents ennemis furent faits prisonniers, des armes de toutes espèces restèrent en notre pouvoir. Après une lutte acharnée, le sergent Picarant et les grenadiers Lecousne, Mège et Sineux s'emparèrent du drapeau du 2e régiment d'infanterie du corps de Zaragoza, et en même temps le caporal Tisserand, risquant vingt fois sa vie, rapporta celui des sapeurs de la division Zacatecas du corps de Gonzalès.

Trois jours après parut ce remarquable ordre du jour :

« Soldats et marins,

« Votre marche sur Mexico a été arrêtée par des obstacles matériels auxquels vous deviez être loin de vous attendre, d'après les renseignements qui vous avaient été donnés. On vous avait cent fois répété que la ville de Puebla vous appelait de tous ses vœux, et que sa population se presserait sur vos pas pour vous couvrir de fleurs.

« C'est avec la confiance inspirée par ces assurances trompeuses que nous nous sommes présentés devant Puebla. Cette ville était hérissée de barricades et dominée par une forteresse où les moyens de défense avaient été accumulés.

« Notre artillerie de campagne était insuffisante pour faire brèche aux murailles, un matériel de siège était devenu néces-

Devant Puebla.

saire ; nous n'avons point ce matériel ; mais, confiants dans votre intrépidité, vous vous êtes, sans hésitation, précipités sur des fortifications défendues par de l'artillerie et par un triple étage de mousqueterie, pendant que sur vos flancs vous aviez à soutenir les efforts de plusieurs bataillons mexicains et d'une nombreuse cavalerie.

« Vous avez fait ce que les soldats français seuls savent faire, et les plus avancés d'entre vous étaient parvenus sur les murs même de Guadalupe, lorsqu'une pluie torrentielle, venant délayer la terre, rendit les pentes inaccessibles et nous mit dans l'impossibilité de renouveler les attaques.

« Soldats et marins, vous avez, le 5 mai, fait preuve d'un courage héroïque, et l'ennemi a si bien appris à vous connaître ce jour-là, que pendant votre retraite de Puebla à Orizaba, quoique vous fussiez embarrassés par un convoi de plus de deux cents voitures, il n'a pas osé vous attaquer ni même vous inquiéter.

« A Palmar, un peloton de vingt-deux cavaliers mexicains mettait bas les armes devant un brigadier et quatre chasseurs d'Afrique.

« A Aculcingo, la cavalerie du général Marquez se trouvait le 18, à cinq heures du soir, coupée par l'armée de Zaragoza, qui débouchait des Cumbrès.

« Le 2e bataillon du 99e de ligne accourt d'Ingenio avec une section de la batterie de montagne pour dégager cette cavalerie ; il se précipite sur l'ennemi avec une telle vigueur, qu'il lui enlève un drapeau, détermine la dispersion de l'armée de Zaragoza et la reddition de huit cents fantassins et quatre cents cavaliers.

« Le bataillon du 99e de ligne, commandé par le commandant Lefebvre, s'est couvert de gloire au combat d'Aculcingo.

« Soldats et marins, vos faits d'armes depuis votre départ de Cordova, le 19 avril, jusqu'à votre retour à Orizaba, le 18 mai ; les difficultés que vous avez eues à surmonter seront jugés et appréciés par l'Empereur, et soyez assurés que Sa Majesté reconnaîtra par de nobles témoignages votre valeur et votre dévouement.

« Vive l'Empereur !

« Orizaba, le 21 mai 1862. « *Le général commandant en chef,*

« Comte de Lorencez. »

L'éclatant fait d'armes du capitaine Détrie fut l'action la plus importante et la plus décisive de la défense d'Orizaba. Le 14 juin, à la tête d'une compagnie du 99e, le vaillant officier enleva les formidables hauteurs du Borrego dominant le réduit de la place, à mille mètres de distance, et que nous aurions certainement dû occuper à l'avance afin de pouvoir empêcher l'ennemi de s'y installer.

A cette attaque du Borrego, le 99e s'empara encore de trois fanions.

Ces trophées, joints à ceux qui avaient été pris à la Baranca Secca, furent apportés en France par le capitaine Hubert de Castex, aide de camp du général de Lorencez, et déposés aux Invalides.

N'était-ce point assez pour attacher au drapeau du 99e la croix des braves ?

Il l'avait bien gagnée.

LE 1er CHASSEURS D'AFRIQUE A SAN-LORENZO (8 MAI 1863)

Le jour de la bataille de San-Lorenzo, le 6e escadron du 1er chasseurs d'Afrique, sous les ordres du capitaine de Montarby, rencontra les lanciers de Durango, forts de quinze cents hommes environ. Dès qu'ils aperçurent nos cavaliers, les Mexicains se rangèrent en bataille et, la lance en arrêt, attendirent le choc. Bien que très inférieurs en nombre, les chasseurs d'Afrique n'hésitent pas. Guidés par leur chef aussi brave qu'intelligent, et pour lequel ils ont une filiale affection, nos cavaliers se précipitent sur l'ennemi, qui ne peut résister à leur attaque furieuse.

Dans la mêlée, longue et meurtrière, un coup de feu fracasse le poignet gauche du capitaine de Montarby. Alors, sans même prendre garde à son horrible et douloureuse blessure, avec un courage digne des temps héroïques, ce valeureux officier, ne voulant pas quitter sa place de bataille en tête de son escadron, saisit entre ses dents les rênes de bride de son cheval et, de son bras droit resté valide, continue à sabrer l'ennemi.

Au plus fort de la lutte, le cavalier Bordes courut au centre de la troupe mexicaine, transperça la poitrine du porte-étendard et s'empara d'un magnifique drapeau tout neuf, que les dames de Durango avaient brodé et offert aux lanciers.

Le 21 juin suivant, lorsque les escadrons se trouvèrent réunis, le commandant en chef passa une grande revue, et au nom de l'Empereur décora l'étendard du régiment et le brave chasseur Bordes.

Mais, comme les régiments de cavalerie laissent, en cas de guerre, leur étendard au dépôt, le général attacha la croix de la Légion d'honneur à la hampe du fanion du capitaine commandant le 6e escadron.

Quant au capitaine de Montarby, dont la conduite fut si admirable, il fut nommé chef d'escadrons. Malheureusement il était dit que ce vaillant officier ne survivrait pas longtemps à tant de gloire. Il fut tué le 11 janvier 1865, au combat de Véranos.

Adoré de ses hommes, le commandant de Montarby, dont la famille fournit encore à l'armée tant d'officiers distingués, fut pleuré comme un père, et son souvenir est si vivace au 1er chasseurs d'Afrique, qu'on se raconte encore les glorieux traits d'un courage qui est resté légendaire.

Montarby et Margueritte sont immortels dans ce beau régiment.

LE 3e TIRAILLEURS A SAN-LORENZO (8 MAI 1863)

Il était environ cinq heures du matin, quand la colonne du général baron Nègre reçut le signal de l'assaut contre les ouvrages de San-Lorenzo.

Bouillants d'impatience, heureux de pouvoir bientôt respirer l'odeur grisante de la poudre, avides de se jeter dans l'étourdissant tourbillon de la mêlée et de combattre avec la baïonnette, leur arme favorite, l'ardeur des « turcos » leur fait franchir d'un bond les huit cents mètres découverts qui les séparent de leur objectif. La compagnie de tête, commandée par le capitaine Estelle, escalade les épaulements malgré le feu violent qui l'assaille. Franchissant la première enceinte, débordant une partie des pièces ennemies, elle entre dans le village, où le bataillon entier finit par se trouver engagé dans une série de combats partiels. Obligés d'abandonner leurs fortifications pendant qu'un bataillon du 51e de ligne et la cavalerie menacent leur droite, les Mexicains, qui se voient culbutés sur leur gauche par les zouaves confondus sur ce point avec les tirailleurs, ne songent plus qu'à se retirer rapidement afin d'empêcher l'assaillant de les couper dans leur seule ligne de retraite sur l'Atoyac.

C'est dans cet épisode que deux tirailleurs, les nommés Hamed-ben-Myoub et Khenil-ben-Ali, arrachent des mains de ceux qui les portent *deux* drapeaux mexicains.

Nous signalons intentionnellement le mot *deux,* parce que bien des récits, et l'annuaire même de la Légion d'honneur, ne signalent qu'un seul drapeau pris par les tirailleurs.

Le rapport du général baron Nègre à Bazaine dit d'ailleurs à ce sujet :

« Quant aux tirailleurs algériens, bataillon héroïque, entrain admirable, chef de bataillon remarquable. J'appelle toute votre attention sur le brave commandant Cottret. M. Alzon, capitaine adjudant-major, déjà proposé pour chef de bataillon, s'est conduit comme un *véritable soldat*. Cette expression doit lui donner les plus grands titres... Deux tirailleurs m'ont apporté des drapeaux. Le commandant Cottret vous donnera à cet égard tous les renseignements, le temps manque pour compléter un travail que mon cœur voudrait pouvoir écrire. »

L'ordre de l'armée n° 145 mentionne Hamed-ben-Myoub et Khenil-ben-Ali, chacun pour la prise d'un drapeau. Salem-ben-Guibi, caporal, est également cité comme ayant pris un fanion.

En 1864, le 30 avril, toutes les compagnies détachées furent réunies à Guadalajara, et le 4 mai le général Douai passa la revue du bataillon tout entier, pour attacher ensuite à la hampe de son fanion de manœuvre la croix de la Légion d'honneur, que lui accordait le décret du 11 novembre 1863, et qui, à sa dissolution, devait appartenir définitivement au 3e régiment de tirailleurs algériens, en commémoration de la prise de deux drapeaux ennemis au combat de San-Lorenzo.

. . . .

. . . .

Après Sedan, le 3e tirailleurs prisonnier ne voulut pas rendre son drapeau. Suivant en cela l'exemple de beaucoup d'autres régiments, il préféra le détruire plutôt que de l'abandonner à nos ennemis. Le précieux emblème fut déchiré, et les morceaux furent distribués à tous les officiers qui se trouvaient là. La croix fut confiée au commandant Mathieu, et ce qu'il en restait encore fut brûlé par les soins des capitaines Lalanne des Camps et Montignault.

Mais lorsqu'après la campagne du Tonkin le drapeau du

3e tirailleurs accompagna à Paris, le 14 juillet, les détachements du 1er et du 3e régiments, il fut salué par de frénétiques vivats. Cette croix rappelait un glorieux passé, et en ce jour de solennité patriotique on comprenait mieux que jamais le respect sacré attaché à cet emblème, parce qu'on voyait celui dont l'entouraient des hommes qui en faisaient le symbole du devoir et de la discipline.

LE 2e TIRAILLEURS A SAN-LORENZO (8 MAI 1863)

On vient de voir que la prise des deux drapeaux à San-Lorenzo était due aux tirailleurs Hamed-ben-Myoub et Khenil-ben-Ali.

Or, si le premier appartenait bien au 3e tirailleurs, il a été établi que Khenil-ben-Ali était affecté au 2e régiment de cette arme. Décoré de la médaille militaire, sergent, il mourut plus tard, au Canada, de la fièvre jaune.

C'est pourquoi, au mois de février 1902, le conseil municipal d'Oran, sur la proposition d'un de ses membres, M. Fekar, adopta un vœu tendant à ce que le drapeau du 2e régiment de tirailleurs algériens fût, au même titre que celui du 3e, décoré de la croix de la Légion d'honneur.

Ce vœu fut exaucé, et le 24 mars de la même année M. Loubet, président de la République, sur la proposition du ministre de la guerre, signait un décret conférant la croix de la Légion d'honneur au 2e régiment de tirailleurs algériens.

La remise de cette récompense, si tardivement accordée, donna lieu à une imposante cérémonie.

C'était à la suite des grandes manœuvres des troupes du département d'Oran et à l'occasion de la revue finale passée le 10 octobre 1902 à Sidi-Bel-Abbès. Plus de huit mille hommes de toutes armes étaient présents.

A sept heures et demie du matin, le général de division O'Connor arrive, suivi d'un brillant état-major; tambours et clairons battent aux champs, pendant que les musiques jouent la *Marseillaise*.

Le général Bertrand s'avance, le salue de l'épée, et lui présente les troupes. La revue commence aussitôt. Le général O'Connor, suivi du général Bertrand et de son état-major, passe lentement devant le front des troupes, puis revient se porter au centre du terrain de la revue. Le drapeau du 2e tirailleurs est placé en face de lui.

Tous les légionnaires du 2e tirailleurs et tous les officiers supérieurs légionnaires des autres corps se détachent et viennent, ainsi que les six autres drapeaux et étendards des troupes présentes à la revue, former une glorieuse garde d'honneur.

Le spectacle est tout à fait émouvant. Tambours et clairons ouvrent le ban, pendant que le colonel d'Eu, commandant le 2e tirailleurs, aidé d'un officier d'ordonnance du général, attache, avec un large ruban rouge, la croix de la Légion d'honneur à son drapeau. Le général O'Connor, d'une voix forte, prononce alors les paroles suivantes :

« Au nom du président de la République, en vertu des pouvoirs qui me sont conférés, drapeau du 2e tirailleurs, je te décore de la Légion d'honneur. »

Puis, pendant que le ban se ferme, il frappe trois fois de son épée la hampe du drapeau et donne l'accolade au colonel d'Eu.

A ce spectacle, la foule, composée de la population tout entière, est en proie à une profonde émotion. Des bravos et des vivats éclatent de toutes parts, et les cris répétés de : « Vivent les turcos! » retentissent.

LE 3e ZOUAVES A SAN-LORENZO (8 MAI 1863)

En même temps que les tirailleurs, le 3e zouaves attaque les positions mexicaines autour de San-Lorenzo. Les cris enthousiastes des soldats répondent à la charge que battent et sonnent tambours et clairons.

Après avoir protégé notre artillerie, le capitaine du Bessol avec son bataillon essuie le feu des pièces ennemies et par un vigoureux mouvement en avant pénètre dans le village, où s'engage un véritable corps à corps. Le sous-lieutenant Henry s'empare d'un drapeau. Le zouave Stum, quoique blessé, lutte énergiquement avec un officier mexicain, auquel il arrache un second trophée. Mais l'ennemi recule, se sauve vers l'Atoyac pour sauver sa ligne de communication menacée, poursuivi la baïonnette dans les reins par les tirailleurs, les zouaves, le 51e de ligne.

Mille prisonniers, des ravitaillements, huit pièces de canon, onze fanions et quatre drapeaux, dont deux conquis par le 3e zouaves et les deux autres par les tirailleurs, furent le prix de la conduite héroïque de nos troupes. Bien plus, dix jours après, Puebla se rendait, et l'aigle du 3e zouaves recevait, elle aussi, la croix de la Légion d'honneur.

Le sous-lieutenant Henry fut décoré, et le zouave Stum obtint la médaille militaire.

Quelque temps après la capitulation de Puebla, le général Desvaux, commandant la division de Constantine, écrivit au colonel Mangin la lettre suivante, qui fut mise à l'ordre du régiment :

« Mon cher colonel,

« Depuis que votre régiment a quitté Constantine, nous avons suivi vos opérations avec la plus vive sollicitude. Le bulletin de la prise de Puebla est venu témoigner des mérites du 3e zouaves, et il m'est bien agréable de vous envoyer les compliments de toutes les troupes de la division de Constantine. Nous avons applaudi à tous vos succès, et nous sommes fiers d'être ainsi représentés à l'armée du Mexique.

« Veuillez être mon interprète auprès des officiers, sous-officiers et soldats sous vos ordres.

« Dites-leur que la division de Constantine les remercie et qu'elle attend avec impatience le jour où, après la paix, ils reviendront en Algérie.

« J'ai été très affligé de la mort du lieutenant Lemaistre et de tous ceux qui ont succombé à leurs blessures. Faites savoir à vos blessés la part que nous prenons à leurs souffrances ; complimentez tous ceux qui ont mérité des récompenses si bien gagnées, surtout le colonel Arnaudeau, les capitaines Lalanne, Parguez, Japy, Rigault, Mariani.

« Quant à vous, mon cher colonel, j'espère que l'Empereur vous a déjà donné ce que vous avez si noblement gagné.

« Dès à présent vous possédez ce que nous devons désirer plus que tout : c'est d'être compté parmi les meilleurs officiers de votre arme. »

Dans l'ordre d'adieux que le maréchal Bazaine adressait à ce régiment, le 31 janvier 1867, il disait :

« La France s'enorgueillit de ses zouaves ; l'étranger les envie, et si quelqu'un ne savait pas ce que c'est que Palestro et San-Lorenzo, vous lui montreriez l'étoile qui brille à votre drapeau ; elle lui dira que vous avez bien mérité de l'Empereur et de la patrie. »

Le 3e zouaves avait ainsi justifié les paroles du général d'Autemarre, à Milan, en 1859 :

« Pour un pareil régiment, le passé garantit l'avenir, et si on devait encore avoir besoin de son dévouement, je suis certain qu'on ne le réclamerait pas en vain. »

LE 51e DE LIGNE A SAN-LORENZO (8 MAI 1863) A VALLE-SANTIAGO (3 FÉVRIER 1864) — A GUAYMAS (29 MARS 1865)

Il n'est pas nécessaire de faire pour la troisième fois le récit du combat de San-Lorenzo, pour y définir le rôle qu'y joua le 51e de ligne. Il suffira de savoir qu'il y prit part au même titre que les zouaves et les tirailleurs, et que sa conduite ne fut pas moins belle que celle de ces deux régiments.

Dans son rapport au ministre de la guerre, en date du 18 mai 1863, le général Forey, après avoir fait le récit des combats autour de San-Lorenzo, dit que « dans cette brillante affaire tous ont fait noblement leur devoir, mais qu'il en est cependant qui se sont plus particulièrement distingués ».

Et parmi ces derniers le général Forey signale, compris dans une longue liste d'officiers, de sous-officiers et de soldats du 51e, le fusilier Gonnord et le caporal Maingon, qui ont enlevé chacun un fanion à l'ennemi.

Au commencement de 1864, les progrès de la pacification au Mexique étaient incontestables. Ce résultat était dû à l'activité incessante et à l'intelligente énergie des troupes françaises. Les soldats étaient aguerris aux fatigues, vigoureux, dévoués ; on pouvait tout oser avec de pareils éléments.

Le 4 février 1864, le commandant Estelle, commandant supérieur de Salamanco, avec quatre cents fantassins de différents corps, dix-sept chasseurs d'Afrique et quarante cavaliers mexicains, attaquait deux mille hommes des guérillas du Michoacan qui avaient occupé Valle-Santiago. L'élan fut si impétueux, qu'en une demi-heure il était maître de la position, avait entre les mains un drapeau pris par le soldat Brizet, du 51e de ligne, trois obusiers de montagne, deux cents chevaux et deux cents prisonniers ; le détachement français perdit seulement huit blessés.

Le 25 mars 1865, la division navale du Pacifique, composée du *Lucifer*, du *d'Assas*, de la *Cordelière* et de la *Pallas*, prit à Mazatlan un détachement d'un millier d'hommes, placés sous le commandement du colonel Garnier, et formé de dix compagnies du 51e de ligne et d'une section d'artillerie de montagne. L'escadre arriva devant Guaymas le 29 mars ; mais Patoni, qui occupait la ville, se retira sans opposer une sérieuse résistance.

Le débarquement put s'opérer facilement, car c'est à peine si les premières troupes qui mirent pied à terre purent échanger quelques coups de feu avec l'arrière-garde des troupes mexicaines. Cependant les avant-postes ennemis étaient, d'après nos reconnaissances, à une très faible distance de la ville, et nous nous trouvions en quelque sorte cernés de très près et privés de communications avec l'intérieur. Mais avec le colonel Garnier un coup de main n'était pas à craindre, et le 51e avait fait trop souvent ses preuves pour ne pas être là ce qu'il avait été partout : un beau régiment.

Ce n'était pas encore assez d'avoir pris deux fanions et un drapeau. Il en fallait un autre pour la gloire du 51e ! Ce sont ces immortelles pages dont la croix d'honneur rappelle le souvenir aux générations qui se succèdent au 51e de ligne.

. . . .

Ce fut le marquis de Gallifet qui rapporta en France les trophées pris au Mexique jusqu'à l'attaque de Puebla. Grièvement blessé à l'assaut de cette place, le jeune officier arriva

Attaque de San-Lorenzo (8 mai 1863).

à Vichy pour hâter le rétablissement de sa santé. Il fallut le descendre de son wagon et le porter dans la voiture qui l'attendait à la gare.

Le dimanche 19 juillet 1863, le capitaine de Gallifet présenta à l'empereur Napoléon III les drapeaux conquis sur l'ennemi. Ils furent aussitôt livrés aux grenadiers de la garde, qui les promenèrent triomphalement à travers le parc et dans tout Vichy, au bruit des fanfares militaires.

Pendant que les grenadiers faisaient leur promenade autour de la ville, M. de Gallifet alla s'asseoir sous les ombrages du parc, en marchant péniblement à l'aide de béquilles. Il portait l'uniforme de capitaine de cavalerie.

On l'avait à peine installé sur des chaises qui soutenaient ses jambes blessées, que M. Vassart, aide de camp, fendant la foule des baigneurs, lui apporta, par ordre de l'empereur, une boîte de maroquin vert contenant des épaulettes de chef d'escadrons, et, séance tenante, les amis du nouveau commandant le décorèrent des insignes de son grade, aux applaudissements de l'assistance.

Ces drapeaux étaient en étoffe de soie, divisés en bandes, vert, blanc et carmin. La bande médiane portait le vautour mexicain, tenant sous ses griffes la queue en or et la tête du serpent ; la hampe était recouverte de velours cramoisi et terminée par une pointe de lance pleine ou à jour.

Le premier des drapeaux était criblé de balles et presque en lambeaux.

Le second était un drapeau de cavalerie, avec une hampe en bois tourné et cette insprition : 1ro *regimento de caballeria de Durango.*

Sur le troisième on lisait : 3ro *movil del distrito.*

Le quatrième avait la hampe recouverte en velours vert, terminée par le vautour et le serpent en cuivre doré; l'inscription portait : *Republica mexica. — Batallón de zapadores.*

Celle du cinquième : *San Luis Potosi. — 2° batallón de guardiani.*

Les fanions, beaucoup moins grands, ne présentaient rien de bien remarquable; seulement, sur quelques-uns étaient peints les insignes suivants : une ancre renversée ; sur la tige étaient croisés deux instruments d'agriculture ; au-dessus un grenade, au centre de laquelle un grand Z barré.

IV

CAMPAGNE DE 1870-71
LA PRISE DE DEUX DRAPEAUX PRUSSIENS

LE 57e DE LIGNE A REZONVILLE — LE SOUS-LIEUTENANT CHABAL PREND LE DRAPEAU DU 16e RÉGIMENT D'INFANTERIE PRUSSIEN — UNE LUTTE HÉROÏQUE — LE GÉNÉRAL COFFINIÈRES DE NORDECK — UNE LETTRE — DEUX DOCUMENTS — TROPHÉE PRIS ET TROPHÉES VOLÉS — LES GÉNÉRAUX DE LAVEAUCOUPET ET POURCET AU PROCÈS BAZAINE — L'IMPRESSION DE M. CHABAL — RÉCOMPENSE INSUFFISANTE — ÉTATS DE SERVICE — PATRIOTIQUE HÉRITAGE — LE DRAPEAU DU 57e DE LIGNE AVAIT DÉJA MÉRITÉ LA CROIX — LE DRAPEAU DU 61e PRUSSIEN — UN HÉROS DE DIX-SEPT ANS — RÉCOMPENSE MÉRITÉE — UNE RECTIFICATION

Si la bataille de Rezonville fut la plus sanglante de cette douloureuse campagne de 1870-71, elle fut du moins la plus glorieuse pour nos armes.

« De la gloire, a dit un modeste héros de cette journée, il y en a eu pour tous ! »

C'était sur notre droite, près du ravin de Greyère. Le 57e de ligne français, formé en bataille par bataillons en masse, attendait, couché, le moment de prendre part au combat. Le sous-lieutenant Chabal, officier payeur et non armé, était étendu à l'abri derrière un sac. Soudain, à trente mètres, émergeant du ravin, surgissent les pointes des casques allemands, dont les cuivres et les ors scintillent aux fauves reflets du soleil couchant ; mais un feu roulant reçoit l'ennemi, qui, étonné, hésite, puis disparaît au fond du déblai.

Alors, d'un bout à l'autre du 57e, le cri de : « En avant ! à la baïonnette! » retentit, et par l'élan superbe de ses hommes le régiment est encore, comme à la Favorite, « le terrible que rien n'arrête ! » Les renforts, les soutiens, les réserves de l'ennemi lâchent successivement pied, s'enfuient ou se font prendre ; les plus acharnés les poursuivent.

Chabal, qui marchait à côté de son camarade Lefort, derrière la 2e compagnie du 2e bataillon, avait ramassé le fusil d'un homme blessé au front, rempli ses poches de cartouches, et le voilà maintenant entraîné par le mouvement des compagnies, faisant le coup de feu. Excellent tireur, toutes ses balles portent.

Cependant le général von Wedell vient de tomber; le colonel von Roell est tué. A ce moment, le sous-lieutenant Chabal aperçoit, à quelques mètres en avant de lui, un Prussien qui porte, en le dissimulant, le drapeau de son régiment, et qui, atteint par un projectile, tombe à la renverse.

D'un bond, l'officier payeur est sur lui. Alors s'engage entre les deux adversaires une lutte héroïque. L'Allemand voit le danger ; ses mains, rougies de sang, se crispent sur la hampe de son drapeau, dont la perte entacherait l'honneur de son régiment tout entier. Il met à le retenir tout l'effort dont il est capable. Mais Chabal veut ce trophée pour la France! Fatigué, il met le pied sur le ventre de son adversaire, brise sur lui la hampe dans un suprême effort, et fait porter par un grand diable de Wurtembergeois prisonnier les couleurs prussiennes jusqu'au colonel du 57e de ligne.

D'après les documents rassemblés par M. Ledeuil d'Enquin, ce drapeau, au moment où il fut pris, était ainsi composé :

« Une hampe en bois brun surmontée d'une lance assise sur un cartouche portant, d'une part, le numéro du régiment arraché avant qu'il soit entre les mains du sous-lieutenant ; d'autre part, les lettres enlacées F. W. R.

« Une flamme noire en soie toute mutilée, en lambeaux, entourée de franges en argent fort déchiquetées. Des cravates en soie verte, les unes larges, bordées d'argent, soutenant deux gros glands également en argent ; parmi les glands, deux avaient été atteints par nos projectiles. »

Cependant le drapeau, remis à Bazaine par le général de Cissey, flotta plus d'un mois sur l'esplanade de Metz.

« Le général Coffinières de Nordeck, dont le plus grand malheur a été de se trouver gouverneur de Metz sous les ordres de Bazaine, — écrivait en 1887 le capitaine de cavalerie en retraite J. Eymery, — avait des sentiments trop patriotiques pour laisser retomber entre les mains des Prussiens ce brillant échantillon de la valeur française. Ce drapeau, enlevé de haute lutte sur le champ de bataille, valait à lui seul tous ceux que les Prussiens allaient bientôt ramasser sans danger à l'arsenal de Metz, précieusement placés dans leurs étuis, comme l'indiquait l'ordre de Bazaine.

« Ne pouvant emporter le drapeau prussien entier, Coffinières donna l'ordre de le détruire la veille de la capitulation : la hampe fut brisée et brûlée, l'étoffe déchirée, et chacun des officiers présents en prit un morceau. Nous étions dix ou douze. Le fragment qui me fut confié n'était pas grand ; je le mis dans une enveloppe de lettre et le cachai dans l'intérieur de mon dolman, où il resta pendant ma captivité en Allemagne... Cependant, comme je ne voulais pas qu'à ma mort ce morceau d'étoffe fût perdu, je donnai le fragment du drapeau prussien à M. Passerieux, maire de Château-l'Évêque. »

Le reste du drapeau fut remis par Bazaine au général de

Cissey, ministre de la guerre, en 1872. Ce dernier en ordonna le dépôt aux Invalides, où il porte le numéro 343 sur le catalogue et le numéro 4 *bis*, côté ouest, dans la nef.

Voici *in extenso* les deux procès-verbaux relatifs à ce drapeau, et qui sont le meilleur démenti pour ceux qui songeraient encore à nous en contester la prise.

« Hôtel national des Invalides.

« L'an mil huit cent soixante-douze, le quatre mai,

« Nous, Parmentier (Léonce), sous-intendant militaire de première classe, chargé de la police administrative de l'hôtel des Invalides,

« Ayant reçu de M. le Gouverneur l'invitation de constater le dépôt d'un étendard allemand pris à la bataille de Rezonville, le 16 août 1870, et qui lui a été envoyé par M. le ministre de la guerre, le 2 mai 1872,

« Avons constaté que ce trophée se compose :

« 1° D'un fer de lance à jour en cuivre doré de 0m23 de hauteur ; au milieu se trouve le monogramme F. W. R. surmonté d'une couronne avec globe et croix ;

« 2° De deux cravates, l'une de couleur olivâtre, bordée des deux côtés d'un liseré noir avec deux têtes de glands en mauvais état, cette cravate de 0m75 de longueur et 0m035 de largeur.

« Et l'autre, de couleur noire, ayant de chaque côté un liseré blanc et orange avec deux glands en argent mêlés de noir à chacune des extrémités ; il se trouve deux épées croisées en cuivre doré ; cette cravate a 1m40 de longueur et 0m04 de largeur.

« La flamme de cet étendard manque complètement, ainsi que la hampe.

« De tout ce que dessus, nous avons dressé le présent procès-verbal, qui a été signé par nous après lecture.

« *Le colonel bibliothécaire-archiviste,*

« Signé : DE GRAVILLON.

« *L'intendant militaire,*

« Signé : PARMENTIER. »

« Hôtel national des Invalides.

« Le vingt-neuf novembre mil huit cent quatre-vingt-sept,

« Nous, Termonia, sous-intendant militaire de première classe, chargé de la police administrative de l'hôtel des Invalides, ayant reçu de M. le général commandant l'hôtel national des Invalides communication d'une dépêche ministérielle en date du 21 novembre 1887, disposant que M. le capitaine Chabal est autorisé à inscrire son nom sur le procès-verbal constatant le dépôt d'un étendard allemand pris à la bataille de Rezonville, le 16 août 1870, avons consigné cette déposition au présent procès-verbal.

« Invité, en outre, par M. le général sus-qualifié à examiner la mention portant désignation du trophée sur le procès-verbal, d'une part, en date du 4 mai 1872, avons constaté et certifions que ce trophée n'est point un *étendard,* mais le *drapeau du* 16e *régiment d'infanterie prussienne.*

« De tout ce que dessus avons dressé le présent procès-verbal, qui a été signé avec nous, après lecture, par M. le général conservateur des trophées dudit hôtel, les jours mois et an que dessus.

« *Le général commandant l'hôtel et conservateur des trophées,*

« Signé : SUMPT.

« *Le sous-intendant militaire de 1re classe,*

« Signé : TERMONIA. »

Le drapeau du 57e reçut la croix d'honneur le 14 juillet 1880. Tout le monde debout acclama l'étendard de ce brave régiment, qui, sous le fer et sous le feu, avait vengé nos aigles livrées dans l'arsenal de Metz.

Car il est un fait dont nous avons le droit d'être fiers, parce qu'il rehausse encore l'éclat de ce glorieux épisode : c'est que, vaincus, livrés et trahis, *jamais* dans aucun combat nous n'avons abandonné le moindre trophée à l'ennemi.

« Les Allemands, écrit M. Ledeuil d'Enquin, n'ont que des tombereaux de hampes ramassées par des manœuvres le lendemain des capitulations de Sedan et de Metz. »

Dans son émouvante déposition au procès Bazaine, le général de Laveaucoupet s'écria :

« Au lieu d'être brûlés, ces drapeaux (livrés à Metz) ont été fourrés dans un magasin où les Prussiens les ont ramassés comme de vieux effets, comme du linge ou des chaussures, comme de vieilles guêtres, pour les emporter à Berlin en guise de trophées. Tristes trophées ! Par contre, un drapeau a été pris [1]. Celui-là a été pris comme les Français les prennent ; il a été pris un jour de bataille, sous la mitraille, à la baïon-

[1] On ignorait à ce moment la prise du drapeau du 61e régiment d'infanterie prussienne, qui ne fut connue que bien plus tard, et qui porte, par conséquent, à deux le nombre des drapeaux ennemis pris en 1870-71.

Nous disons plus loin quelques mots de cet épisode.

nette. Ce drapeau est un drapeau prussien ; il a été pris par une armée qui, bien que dénuée de tout, a toujours laissé sur le champ de bataille beaucoup plus d'ennemis qu'elle n'a compté de victimes... »

Bataille de Rezonville. — Le 57e de ligne repousse les Allemands.

Et le général Pourcet, commissaire du gouvernement, dit dans son réquisitoire :

« L'armée du Rhin, dans toutes les batailles livrées par elle, ne laissa aux mains des Prussiens ni une aigle ni un canon. En revanche, elle leur enleva un drapeau et deux pièces d'artillerie. Voilà les véritables trophées de sa campagne. »

M. Chabal, le héros de ce fait d'armes, assista à la remise

du drapeau de son ancien régiment, le 14 juillet 1880. Il était alors capitaine de la garde républicaine et fit, ce jour-là, partie de l'escorte du général Farre, ministre de la guerre.

Depuis, M. Chabal est devenu commandant de gendarmerie, et il vit paisiblement et modestement aujourd'hui en retraite, à Chambéry, au milieu des sites riants et pittoresques de la Savoie.

Quant à l'impression qu'il ressent encore de cet épisode de sa carrière militaire, elle se résume dans la simplicité du souvenir qu'il en a gardé et que nous retrouvons dans ces lignes, qu'il écrivait le 11 août 1895 :

« J'ai parcouru l'année dernière, à diverses reprises, le champ de bataille de Rezonville, accompagné une fois par un lieutenant du 57e venu de Bordeaux en délégation à la cérémonie de Bruville ; c'était le 16 juillet. Je lui ai montré les positions qu'occupait le régiment en 1870 ; il a pu se rendre compte des phases successives de la bataille du 16 août, et aux pertes de l'ennemi, dont les tombes recouvrent le sol, il a pu juger de l'importance des nôtres.

« Je lui ai montré le point même où, sur le ventre de l'Allemand, je rompis avec mon pied la hampe du drapeau dont je m'emparai ; à dix mètres de là, nos adversaires ont élevé des monuments funéraires, dont l'un ne contient pas moins de six cent trente-sept prisonniers tombés là. »

Et c'est tout. Guidé par le devoir, M. le commandant Chabal ne veut l'avoir que modestement accompli. Cependant M. Chabal ne fut décoré que le 4 mars 1879, et il semble qu'avant de partir en retraite, ce bout de ruban rouge si bien gagné méritait d'être changé en rosette d'officier de la Légion d'honneur.

Les états de service du commandant Chabal portent, depuis le 16 décembre 1873, cette mention :

« A pris un drapeau au 16e régiment d'infanterie prussienne, le 16 août 1870, à la bataille de Rezonville. »

Et M. Giraud, ancien colonel du 57e, écrivait :

« Non seulement je certifie l'exactitude du fait, mais encore je tiens à dire que ses fonctions d'officier payeur n'ont jamais empêché M. Chabal de marcher chaque fois que le régiment a pris les armes. »

L'action de Chabal[1] est d'autant plus méritoire qu'il est notre orgueil, ce trophée que nous sommes si fiers d'opposer « aux tombereaux de hampes ramassées, comme de vieux habits et de vieilles guêtres, à Sedan et à Metz ».

Et les Allemands s'en rendent si bien compte, qu'ils ont cherché à contester l'action hautement méritoire du lieutenant Chabal. Les documents précédents, joints au témoignage si formel, dans sa modestie, de l'officier français, suffiraient à démontrer la mauvaise foi de nos adversaires. Il est bon cependant d'y joindre les réflexions qu'un si odieux démenti a inspirées à M. P. Durand-Daubin (Paul Ruddan) dans une petite brochure sur le drapeau du 57e.

« Il est difficile, écrit M. Paul Ruddan, de s'expliquer comment une partie de la presse allemande, pour ne parler que des Prussiens, a pu traiter de légende la prise par le 57e français, en plein combat, d'un drapeau prussien, dans la journée du 16 août 1870. Voici comment s'exprime l'ouvrage du grand état-major allemand :

« Le 2e bataillon du 16e régiment *sauva seulement de* « *la mêlée une portion de la hampe de son drapeau,* qu'un « projectile avait brisée, et la partie supérieure, avec les rubans

[1] M. Chabal reçut une somme de trois mille cinq cents francs, qui fut laissée par un vieillard mourant à « l'officier qui captura un drapeau prussien en 1870 ».

« Je ne connais pas le nom de ce courageux officier, disait le donateur; mais le ministre de la guerre saura bien le découvrir. »

Le vœu de cet homme de bien a été accompli.

« qui y flottaient, fut emportée à Metz par les Français. »

« Ce récit est corroboré et rectifié dans certaines parties par l'historique du 16e prussien :

« Le soir du combat, le drapeau du 2e bataillon manquait. « Celui du 1er, assez maltraité, fut rapporté par le 2e avec « l'anneau et quelques lambeaux d'étoffe. On supposa que le « reste de la hampe, avec la pointe et les rubans, étaient « tombés entre les mains de l'ennemi. Ce débris avait-il été « emporté par un obus et puis ramassé par les Français ? *Ou « bien était-il tombé au pouvoir de l'ennemi au moment où le « dernier porteur du drapeau, engagé dans une lutte corps « à corps, cherchait à le sauver hors de la mêlée ?* Nul ne le « sait. Il est probable que le drapeau du 1er et celui du « 2e bataillon furent confondus au moment du départ du « bivouac. »

« De ces documents officiels, continue M. Ruddan, il appert que, le soir de la bataille, les Prussiens ignoraient ce qu'était devenu le drapeau du 2e bataillon du 16e régiment ; qu'ils le perdirent, ne retrouvant un tronçon de la hampe que le lendemain. Ils reconnaissent que les Français ont emporté à Metz l'autre partie, c'est-à-dire le drapeau lui-même, moins le tronçon dédaigné par Chabal.

« L'allégation que la hampe avait été, dans le cours de la bataille, brisée par un projectile, est absolument inexacte. De leur propre aveu, les Prussiens n'en savent rien. Si la hampe du drapeau a été brisée par un projectile, même dans la plus grande mêlée, comment se fait-il que les présents, ceux qui en avaient la garde, ne l'aient pas ramassée ? Qu'ils aient perdu de vue un tronçon de hampe de quarante centimètres, cela peut se comprendre. Mais un drapeau tout entier? Il ne s'envole pas, ne s'évanouit pas avec le projectile qui casse en deux la hampe, ce projectile fût-il un obus.

« La vérité, constatée au 57e, est que le drapeau était haché, qu'il a bien pu se faire qu'un ou plusieurs des nombreux projectiles français qui l'avaient atteint aient déchiré l'étoffe et même éraflé la hampe, mais qu'aucun ne l'avait brisée. Elle était ferme et solide d'un bout à l'autre, et aurait très bien supporté une certaine résistance si son bois n'avait pas été si sec. La seule section qui y ait été constatée est celle qui a été pratiquée par Chabal lui-même en la rompant sur le ventre du porte-drapeau.

« L'empereur Guillaume a donné au 2e bataillon du 16e prussien un nouveau drapeau. C'est donc que l'ancien lui manquait. Qu'était-il devenu? Nul des habitants de Metz, pendant le blocus, qui n'ait pu le voir flotter sur l'esplanade.

« A la suite de quelles péripéties? Des deux suppositions émises dans l'historique du 16e prussien, la deuxième touche à la vérité. Le drapeau fut enlevé par Chabal pendant la mêlée, comme en témoigne la remise qui en fut faite, au vu et su de plusieurs officiers, immédiatement après la bataille au colonel Giraud, et le soir même au général de division. »

On a vu plus haut qu'afin de ne pas laisser tomber entre les mains des Prussiens le drapeau que Chabal leur avait pris, un certain nombre d'officiers s'en partagèrent les fragments.

Au mois de juin 1902, un journal parisien, *le Français*, fit, par la plume de son rédacteur en chef, M. Charles Laurent, une première tentative en faveur de la restitution des lambeaux du précieux trophée qui viendraient ainsi s'ajouter fort heureusement à la pique et à la cravate conservées aux Invalides.

A la suite de cet appel, M. le capitaine de frégate Coffinières de Nordeck, fils de l'ancien gouverneur de Metz, vint spontanément déclarer à M. Charles Laurent que le fragment de soie qui avait été le lot de son père dans le partage du trophée était à la disposition du ministre de la guerre et que sa famille le restituerait à la Nation dès qu'elle y serait invitée.

D'autre part, le brave commandant Chabal, auquel l'initiative du *Français* laissait espérer la réalisation de son vœu le plus cher, fut, le 14 août 1902, reçu spontanément par M. Loubet, président de la République, qui l'assura de son bienveillant concours.

« Ah ! ce que j'ai été content ! racontait ensuite le commandant. Songez donc : c'est toute ma vie, ce bout de soie ! Ma carrière, à moi, est finie ; mais j'ai besoin, avant de m'en aller, de savoir que ce trophée, qui a coûté la vie à tant de braves gens, est à la place qu'il mérite et pourra servir d'exemple à ceux qui nous suivront...

« Aussi cela m'a dilaté le cœur d'entendre le président me parler avec cette simplicité résolue de son intention de hâter le rappel des reliques. J'en aurais pleuré...

« Enfin me voilà tout ragaillardi, tout confiant. Je repars ; mais j'espère bien revenir avant peu, car je veux être là, je veux être à Paris, le jour où l'on ira reclouer sur la hampe nue du drapeau tous ces fragments que se sont partagés les officiers de l'état-major à Metz. Au revoir, donc !... »

Et, tout heureux, le commandant Chabal a regagné Chambéry.

Ne quittons pas le 57e de ligne sans rappeler les brillants combats auxquels il a pris part sous la première République et sous Napoléon, car il y mérita déjà de porter le signe de l'honneur.

Ce fut d'abord à la Favorite, sous les murs de Mantoue, que la 57e demi-brigade acquit sa réputation de bravoure consacrée par l'histoire.

Le 14 décembre 1797, à minuit, la 57e demi-brigade arrive

sur le champ de bataille de Rivoli, après une marche de trente-deux heures : la victoire était déjà décidée en faveur de l'armée française. Quelques heures d'un repos bien mérité sont accordées à la 57e, puis elle reçoit l'ordre de marcher sur Mantoue avec la division de Masséna, pour empêcher le général autrichien Provera de ravitailler cette place, qui était étroitement bloquée par une partie de l'armée française. La colonne, partie à la pointe du jour, s'arrête quelques instants à Roverbella, à la

La 57e demi-brigade à la Favorite.

tombée de la nuit, pour prendre un peu de nourriture, et arrive à la Favorite le 16 à une heure du matin, ayant parcouru soixante kilomètres.

Deux heures après, la bataille commence ; la 57e demi-brigade fait des prodiges de valeur, résiste à trois assauts désespérés des troupes de Würmser, puis charge à son tour et enfonce à la baïonnette les chasseurs volontaires de Vienne et toutes les troupes autrichiennes qui lui sont opposées. Le général Provera est obligé de capituler avec toute sa division : canons, chevaux, munitions de guerre, vivres, tout reste au pouvoir de l'armée victorieuse.

Le lendemain Bonaparte, en passant la revue de ses troupes, s'arrête devant la 57e demi-brigade, la salue en se découvrant et lui dit :

« Soldats, vous avez dépassé en constance et en courage tout ce que les Romains ont fait de plus glorieux ; la postérité aura peine à croire à vos travaux. Je veux, pour les éterniser, qu'on écrive en lettres d'or sur votre drapeau : « La TERRIBLE 57e demi-brigade que rien n'arrête ! »

Puis, à la campagne de 1800, après la bataille de Mœskirch, Moreau s'écrie :

« Soldats de la 57e, si Bonaparte, à l'armée d'Italie, ne vous eût pas décorés du titre de *Terribles,* les Autrichiens eux-mêmes vous l'auraient décerné sur le plateau d'Altheim. »

Plus tard, le 1er décembre 1805, au soir, veille de la bataille d'Austerlitz, le régiment bivouaquait au Santon, lorsque Napoléon, en parcourant le front de bandière, au milieu d'une illumination de feux de bivouacs et de torches piquées sur les faisceaux, s'arrête devant la 2e compagnie de grenadiers du 57e :

« Grenadiers, dit-il, souvenez-vous qu'il y a longtemps que je vous ai donné le nom de *Terribles.*

— Sire, répond un sergent de cette compagnie, nommé Bourgade, vous n'aurez pas besoin de vous exposer demain ; je jure, au nom de tous les grenadiers de l'armée, que vous n'aurez qu'à combattre des yeux ; nous vous amènerons les canons et les drapeaux ennemis pour célébrer l'anniversaire de votre couronnement ! »

Plus tard encore, la 57e se couvrait de gloire à la Moskowa.

Le 5 septembre 1812, l'avant-garde de l'armée française apercevait l'armée russe derrière la Moskowa, sa droite vers Borodino, sa gauche sur les hauteurs de la rive gauche de la Kologha. En avant de sa gauche, l'ennemi avait commencé à fortifier un beau mamelon, entre deux bois, sur lequel il avait construit une redoute qu'il faisait garder par dix mille hommes.

L'empereur Napoléon résolut d'enlever immédiatement cette redoute. Vers trois heures, pendant que le prince Eugène contenait la droite de l'ennemi dans la direction de Borodino, et que le prince Poniatowski cherchait à tourner la redoute par la

Bataille de la Moskowa.— Le 57e de ligne s'élance à l'assaut de la redoute.

droite, le roi de Naples, avec sa cavalerie et la division d'infanterie du général Compans, chassa l'ennemi dú village d'Alexino, du bois qui se trouvait à droite, et le poussa jusqu'au pied de ses retranchements.

A cinq heures, pendant que les 25e, 61e et 112e régiments engageaient le combat et soutenaient la fusillade, le colonel Charrière, du 57e, recevait l'ordre d'enlever la redoute. Au débouché du bois, ce brave officier se retourne vers ses soldats et ne leur dit que ces mots : « A la redoute ! »

Les bataillons s'élancèrent alors au pas de charge, la baïonnette en avant, en faisant un feu aussi nourri que le permettait la rapidité de leur marche ; ils abordèrent les Russes, qui se défendaient avec une opiniâtreté proportionnée à la vigueur de l'attaque.

La redoute fut prise et reprise trois fois, et, après une heure d'un combat acharné, elle fut emportée, et le 61e de ligne y pénétra peu de temps après le 57e.

Le 9 septembre, quatre jours après, à la bataille même de la Moskowa, la division Compans fut encore chargée d'enlever la redoute où l'armée russe appuyait sa gauche. Le général Compans, qui conduisait lui-même sa division, fut mis hors de combat ; le général Rapp, aide de camp de l'Empereur, qui vint le remplacer, fut blessé également, et le maréchal Davout lui-même y reçut une forte contusion.

A un moment donné, le 57e, qui était le plus rapproché de la redoute, tenta un dernier effort, se lança à l'escalade et s'empara de l'ouvrage défensif, après avoir chassé l'adversaire à coups de baïonnettes.

Immédiatement après, le 24e régiment d'infanterie légère entrait dans la redoute à la suite du 57e, et ces deux régiments, soutenus bien à temps par la division Ledru, conservèrent leur conquête, malgré les efforts désespérés de l'armée russe pour reprendre la position.

Dans cette seule journée, le 57e laissa quinze cents hommes sur le champ de bataille.

Mais à la suite de ces deux combats, si glorieux pour le 57e, le colonel Charrière fut nommé maréchal de camp, et le régiment fut autorisé à se servir de boutons en métal portant en relief une croix de la Légion d'honneur.

En revanche, il n'a été trouvé trace nulle part que le drapeau du 57e ait été autorisé à porter le même insigne. On peut donc considérer comme inexact que l'empereur ait signé, à cet égard, un décret qui ne se trouve pas dans les documents précieusement recueillis de cette époque.

Il n'importe; car, en moins d'un siècle, le drapeau du 57e mérita quand même d'être décoré deux fois. Le passé avait répondu de l'avenir, et les braves de 1870 ont su montrer qu'ils étaient bien dignes de leurs devanciers.

Grenadier du 57e de ligne (1807).

Terminons ce chapitre sur le 57e de ligne par une anecdote.

Au nombre des régiments appelés à figurer à la distribution des aigles impériales, en décembre 1804, se trouvait le 57e de ligne, qui, comme on le sait, avait été formé par la demi-brigade portant ce numéro à l'armée d'Italie.

Mais, quelques jours avant la cérémonie, le colonel du 57e, nommé Fléchat, refusa de rendre le vieux drapeau et de l'échanger contre un neuf.

Napoléon fit mander aux Tuileries le soldat réfractaire.

« Colonel, lui dit-il, il faut porter le drapeau à l'intendance, on vous en donnera un autre.

— Sire, répondit Fléchat avec des sanglots dans la voix, ne me demandez pas cela. C'est le drapeau de la Favorite, celui qui a failli me servir de linceul. Me l'enlever, autant vaudrait m'arracher le cœur !

— Il est en mauvais état, reprit l'Empereur en contenant à grand'peine son émotion. Et puis, colonel, l'ordre est général, et je ne puis pas faire d'exception.

— Si c'est un ordre, sire, j'obéirai. »

Et, en effet, le vieux drapeau de la 57e fut rendu.

Le jour de la distribution, lorsqu'un aide de camp appela le 57e de ligne, Fléchat s'avança triste, mais résigné. Napoléon prit lui-même le nouveau drapeau destiné à ce régiment, et, le tendant au colonel, il lui fit signe de regarder l'étoffe tricolore, en prononçant ce seul mot :

« Voyez ! »

Quelle ne fut pas alors la surprise du brave Fléchat de voir les lambeaux de l'étendard d'Italie artistement réunis ensemble, et portant cette inscription en lettres d'or :

57e

A la Favorite il fut surnommé

LE TERRIBLE

« Oh ! sire, merci ! » s'écria le colonel en pleurant de joie.

Et les braves du 57e, reconnaissant leur drapeau de 1796, poussèrent un formidable cri de : « Vive l'Empereur ! »

Le soir, aux Tuileries, Napoléon prit Fléchat à l'écart et lui dit :

« Colonel, qu'auriez-vous fait ?

— Sire, je me serais brûlé la cervelle !

— Vous auriez eu tort, Fléchat ; mais néanmoins vous êtes un brave, et en témoignage de mon estime je vous nomme officier de la Légion d'honneur. »

LA PRISE DU DRAPEAU DU 61ᵉ RÉGIMENT D'INFANTERIE PRUSSIENNE (23 JANVIER 1871)

Nous ne terminerons pas l'histoire des drapeaux pris à l'ennemi sans mentionner cet épisode de la guerre 1870-71. Il ne valut, il est vrai, à aucun étendard français la croix de la Légion d'honneur, puisque le héros appartenait au corps irrégulier des chasseurs du Mont-Blanc ; mais il consacre, une fois de plus, la bravoure française et nous donne l'occasion de préciser un point d'histoire resté encore obscur.

A dix-huit cents mètres de Dijon, après avoir quitté la place Saint-Nicolas, se trouve à gauche, le long de la route de Langres, près du parc de Pouilly, une propriété close appelée usine Bargy.

Le 23 janvier 1871, la portion principale du 61ᵉ régiment poméranien sort en rangs serrés de *la Sablière*, qui servait de chambre d'emprunt à la compagnie chargée des terrassements pour l'établissement de la voie ferrée de Dijon à Langres. Notre ennemi a déployé son drapeau. Une décharge épouvantable retentit, c'est le feu formidable des francs-tireurs de Ricciotti. Les cris de hourras des soldats poméraniens se changent en cris de détresse. Le drapeau disparaît, les cadavres des grenadiers s'amoncellent autour de lui. Mais la lutte devient impossible, et tandis qu'à l'approche de la nuit les survivants ennemis s'éloignent en brûlant leurs cartouches, un homme sort par la petite porte de l'usine ; courbé en deux, il va jusqu'au charnier humain sous lequel il saisit le drapeau, et l'emporte. C'est Curtal, âgé de dix-sept ans, volontaire de la compagnie des chasseurs du Mont-Blanc (capitaine Tappaz).

« J'ai relevé le drapeau, disait Curtal dans une lettre, à cent mètres environ en avant de l'usine. Je suis sorti tout seul par la petite porte de l'usine, malgré la défense expresse qui en avait été faite, et ai arraché, sous le feu de l'ennemi, le drapeau à un Prussien blessé. Il était quatre heures du soir. La hampe a été brisée sur mon épaule par une balle, lorsque je rejoignais mon corps établi dans l'usine. Le drapeau portait deux médailles. »

Ailleurs il écrivait :

« Les balles sifflant de tous côtés, j'ai dû ramper sur le sol, et le plus vite possible, pour rentrer à l'usine où se trouvait ma compagnie. »

Ailleurs encore :

« La hampe du drapeau a été brisée alors que je rentrais en courant, au milieu d'une grêle de projectiles, portant le drapeau sur mon épaule ; cette brisure a eu lieu à quelques centimètres au-dessous de l'endroit où cesse l'étoffe; je reçus même un contre-coup assez violent, produit par la balle coupant la hampe, et j'avais autre chose à faire qu'à chercher à ramasser le morceau de la hampe tombé à terre, étant trop heureux de conserver le drapeau lui-même [1]. »

Ricciotti, présentant le drapeau à son père, lui dit :

« Général, la 4e brigade vous remet le drapeau qu'elle vient de prendre à l'ennemi. »

Et Garibaldi répondit :

« Merci, la 4e brigade a bien mérité de la Patrie. Je n'ai jamais vu position attaquée et défendue avec autant d'acharnement. »

Le 24 janvier 1871, ce trophée fut promené dans les rues de Dijon et photographié chez Guipet, rue Vaillant.

Transporté à Bordeaux par deux télégraphistes qui l'avaient dissimulé dans une caisse d'armes de modeste apparence, M. Steenackers le reçut dans son cabinet, où M. Bordone, chef

[1] Collection manuscrite de M. Ledeuil d'Enquin.

d'état-major, le trouva, le 12 février 1871. Pendant plusieurs années on ne sut ce que ce trophée était devenu. M. Dormoy, ancien officier de francs-tireurs et aujourd'hui professeur à l'école Colbert, fit des recherches. De Bordeaux, le drapeau revint à Paris et fut relégué dans un coin du ministère de l'intérieur. En 1877, six ans après, le maréchal de Mac-Mahon l'envoya au ministère de la guerre, d'où il s'égara au musée d'artillerie. Là, on le catalogua comme provenant des campagnes du premier empire. (*Catalogue n° 4595, 6 octobre* 1885.) Il fut enfin remis aux Invalides le 20 avril 1888. Il y est catalogué sous le numéro 358.

Mais le premier procès-verbal d'identité contenait une erreur grossière qui, grâce à l'initiative de M. le député Chautemps, a été enfin rectifiée. Il y était dit, en effet :

« ... Sur l'invitation de M. le général Sumpt, commandant l'hôtel des Invalides, nous nous sommes rendu audit hôtel à l'effet de constater le dépôt d'un drapeau allemand, pris au 61e régiment poméranien, à l'affaire de Pouilly, en 1871, par le nommé Victor Curtal, qui *faisait partie d'une section de trente-quatre francs-tireurs commandés par M. Dormoy,* actuellement professeur à l'école Colbert... »

L'erreur se trouve dans la phrase que nous avons intentionnellement soulignée ; car, si M. Dormoy était bien officier de francs-tireurs, il n'assista pas cependant à la prise du drapeau. Curtal était *chasseur du Mont-Blanc* et *non franc-tireur proprement dit.* Son capitaine était M. Tappaz, et son commandant M. Michard.

Il était donc utile, pour l'histoire, que ce procès-verbal fût rectifié dans le sens indiqué plus haut. Il n'était pas nécessaire de perpétuer dans un document officiel une erreur quelle qu'elle fût.

D'autre part, il est pénible d'avoir à ajouter que Curtal n'a jamais été suffisamment récompensé de son action d'éclat. Pourvu d'un très modeste emploi à la voirie d'Annecy, c'est encore grâce à l'intervention patriotique de M. Chautemps qu'il a pu obtenir une modique pension. Mais est-ce suffisant, et n'est-on pas en droit de s'étonner que la croix des braves ne brille pas sur la poitrine de ce vaillant? Serait-ce, par hasard, parce que des polémiques violentes se sont élevées autour de la prise de ce drapeau ? Il nous semble cependant que le journal *l'Éclair*, dans ses numéros des 23 et 25 octobre 1896, a répondu victorieusement et une fois pour toutes à toutes les déclarations, dont cependant il serait impossible de contester la sincérité. Nous n'entrerons pas ici dans les détails de cette polémique. Nous nous contenterons de constater que notre récit est, en tous points, conforme à la vérité résultant de l'enquête faite par le journal *l'Éclair*.

M. Ledeuil d'Enquin avait d'ailleurs, depuis longtemps déjà, précisé les faits ; les contestations dont ils ont été l'objet n'ont pu que leur donner plus de force et d'autorité, puisque l'enquête personnelle de M. Émile Chautemps les admet comme conclusion définitive.

Pourquoi M. le président de la République n'accorderait-il pas à ce brave une récompense d'autant plus grande qu'elle aura été plus tardive ?

Chabal et Curtal sont deux noms glorieux au même titre; ils ont montré à l'ennemi, qui nous volait les nôtres, comment les Français lui prenaient ses drapeaux !

Enfin un journal de province a cherché à établir que Ricciotti Garibaldi, dont nous avons indiqué le rôle dans la défense de l'usine, avait voulu rendre aux Allemands le drapeau qui leur avait été pris.

M. Ledeuil d'Enquin a écrit à ce sujet à Ricciotti Garibaldi, qui lui a adressé une lettre dont voici les passages essentiels.

Bataille de la Moskowa (9 septembre 1812). — Le 5e régiment de cuirassiers s'empare de la grande redoute.
Mort du général de Caulaincourt.

« Cher monsieur,

« Je vous remercie de m'avoir communiqué un article de journal qui contient des renseignements sur la prise du drapeau du 61e poméranien, en 1870-71, renseignements qui m'intéressent.

« Je ne crois pas qu'il y ait eu de correspondance à ce propos entre les états-majors des deux armées ennemies, qui se trouvaient en présence en Bourgogne.

« Mais il existe certainement une lettre de moi, adressée soit au commandant du 61e, soit au général de Kettler, — je ne me souviens pas auquel des deux, mais je crois que c'était au premier, — et de cette lettre malheureusement je n'ai pas conservé la copie.

« Voici quelle est son origine :

« Pendant l'évacuation de Dijon, mes francs-tireurs recueillirent un officier d'artillerie prussienne qui était blessé.

« Comme, par suite du départ de l'armée, le service de place était désorganisé, je me contentai de lui faire donner sa parole d'honneur de ne pas s'enfuir, et c'est ainsi qu'il fit la route de Dijon à Chalon dans mes voitures, soigné par nos médecins et vivant avec mes officiers.

« Quand nous fûmes arrivés à Chalon, comme ce jeune homme était très bien élevé et d'agréable compagnie, et comme je prévoyais que les hostilités ne seraient pas reprises, j'obtins la permission de le conserver avec moi, lui évitant ainsi un internement désormais inutile.

» Un jour, pendant l'armistice, je me trouvais dans la chambre de mon père, au moment où avec Bordone il discutait du choix à faire d'un officier pour l'envoyer au commandant de l'armée prussienne, à propos d'une communication relative à la ligne de démarcation entre les deux armées.

« Je suggérai l'idée d'envoyer mon prisonnier dans ce but.

« L'idée plut à mon père et à Bordone, et on lui confia cette mission.

« Je me souviens que, quelques minutes avant de partir, il me dit avec des larmes dans les yeux que le plus grand déshonneur était à ses yeux de comparaître sans son sabre devant ses supérieurs.

« Ému par un sentiment que les vrais soldats pourront facilement comprendre, comme il s'agissait d'un ennemi qui s'était courageusement battu avec nous et, au surplus, qui était blessé, je le priai de prendre le mien jusqu'à son retour.

« Quand il revint, sa mission accomplie, il me raconta toutes les demandes qui lui avaient été faites au sujet du drapeau que nous avions pris, et il me dit que le colonel du 61e, ou le général de Kettler, je ne me souviens pas lequel des deux, me priait chaleureusement de vouloir bien dans une lettre donner quelques renseignements, dans le but d'atténuer dans la limite des choses possibles la rigueur de la sentence qui, très probablement, serait prononcée par le conseil de guerre ou la commission d'enquête.

« J'obtins dans ce but le consentement de mon père, et je me souviens seulement, sans entrer dans des détails, que la lettre disait en substance que l'incident du drapeau faisait autant d'honneur à ceux qui l'avaient perdu qu'à ceux qui l'avaient conquis.

« Je ne me souviens d'aucune autre phrase de cette lettre susceptible de me faire attribuer l'intention de rendre le drapeau, et le sens que l'on semble vouloir donner à ma lettre, dans l'article que vous m'avez communiqué, ne mérite nullement d'être pris en considération...

« Ni mes autres officiers ni moi ne perdîmes un seul instant de vue le drapeau, jusqu'au moment où il disparut sous les corps de ses braves défenseurs ; mais nous notâmes avec soin l'endroit où il était, et, si on ne courut pas de suite pour le relever, cela tient simplement aux ordres très sévères que j'avais donnés à Michard, mon second, et à mes autres officiers, de ne pas mettre les pieds hors de la fabrique Bargy, et cela parce que je ne pouvais, en présence d'une quantité aussi considérable d'ennemis, courir le danger de voir encore diminuer mes effectifs déjà si faibles.

« Si, en résumé, avoir repoussé l'attaque formidable de l'ennemi et avoir non seulement empêché la prise de Dijon, mais aussi la déroute, — déroute déjà commencée par la panique qui s'était emparée des mobiles et de la population, — de l'unique armée qui restât encore intacte à la France ; si tout cela ne veut pas dire que ce drapeau fut conquis honorablement, les armes à la main, c'est à croire que la valeur militaire n'est qu'une chose mensongère...

« Mais tout cela est inutile ; l'histoire enregistrera toujours, en lettres d'or, ce fait d'armes à l'actif des francs-tireurs de la 4e brigade, qui surent, par leur valeur, mériter le respect et l'admiration de leurs ennemis.

« Je reste, pour la vie, votre

« Ricciotti Garibaldi. »

Voilà qui établit bien que la prise du drapeau a été des plus légitimes, à la suite d'une défense acharnée, et qu'il ne fut jamais question de le rendre aux Prussiens.

LE DRAPEAU DES SAPEURS-POMPIERS DE PARIS

Par décret du 12 juillet 1902, le président de la République a, sur la proposition du ministre de la guerre, décerné la croix de la Légion d'honneur au drapeau du régiment des sapeurs-pompiers de Paris. Deux jours après, à la revue de Longchamp, le chef de l'État attachait lui-même l'insigne à la hampe de l'emblème et embrassait le colonel du régiment, salué par les acclamations enthousiastes de la foule.

C'est que la population parisienne adore ses pompiers, dont elle a l'occasion d'admirer sans cesse le courage et l'esprit de sacrifice.

Le feu est pour eux un vrai champ de bataille, plus terrible parfois que celui où se rencontrent des troupes ennemies, et la mémoire de ceux qui sont tombés en luttant contre lui méritait bien cette suprême récompense.

V

LA DÉFENSE DU DRAPEAU A TRAVERS L'HISTOIRE — ACTES HÉROÏQUES — COURAGE ET DÉVOUEMENT — MORTS GLORIEUSES — OFFICIERS, SOUS-OFFICIERS ET SOLDATS — SOUS LA ROYAUTÉ, L'EMPIRE ET LA RÉPUBLIQUE

GALL DE MONTIGNY — RAOUL DE LANNOIS — LE RÉGIMENT DE CHAMPAGNE — UNE BELLE DEVISE — LE SERGENT BIENVENU — LE RÉGIMENT DE TURENNE — LE CAPITAINE DE PHYSICA OU FISICAT — L'ENSEIGNE SILLERY — LES PIQUEURS DU CAPITAINE DE BOHAIN — LE CAPITAINE SAINTOT

Nous venons de voir à quels héroïques épisodes a donné lieu la prise de drapeaux ennemis.

A côté de ces combats homériques, qui ont jeté un éclat particulièrement brillant sur les armes françaises, il en est quantité d'autres qui, pour n'avoir pas eu une issue aussi heureuse [1], ne montrent pas moins qu'à toutes les époques de notre histoire nationale le drapeau a suscité les actions les plus belles. C'est toujours autour de lui et pour lui que sont tombés tant de héros, et la liste est si longue, qu'elle restera toujours incomplète.

Nous n'entreprendrons pas de la dresser ici, — la place

[1] Il ne faut pas oublier non plus que la Légion d'honneur ne date que de 1802 et qu'on n'a décoré les drapeaux des régiments français pour la prise de drapeaux ennemis qu'à partir de 1859. Comme on le verra, bien d'autres emblèmes eussent mérité une récompense qui aurait été moins récente.

nous manquerait, — nous nous donnerons seulement comme tâche de mettre en relief quelques-uns des plus beaux faits d'armes dont s'enorgueillisse la France et de faire connaître à nos lecteurs quelques-uns de ces braves, dont le nom a mérité de passer à la postérité, pour que leurs actes servent d'exemple.

En 1214, à la bataille de Bouvines, Philippe-Auguste avait autour de lui la troupe de ses sergents d'armes, au-dessus de laquelle flottait la bannière royale, semée de fleurs de lis d'or.

Elle était portée par Gall de Montigny, un des plus braves chevaliers de l'armée française.

Une furieuse mêlée s'établit bientôt autour de cette bannière, que l'ennemi avait remarquée. D'ailleurs, les Allemands, conduits par l'empereur Othon, n'en veulent qu'à Philippe.

On lui portait, raconte l'histoire, de tous côtés des coups, que sa force et la bonté de ses armes rendaient sans effet. Enfin un cavalier allemand atteignit le roi de France au défaut de la cuirasse avec un de ces javelots à double crochet dont se servaient les anciens Francs, et, le tirant avec violence, il le renversa à terre. Toute la bravoure de ceux qui combattaient auprès du roi ne put le préserver d'être foulé aux pieds des chevaux. Et cependant, Montigny agitait constamment la bannière royale pour faire connaître aux autres troupes le péril où se trouvait leur roi. Enfin, ce vaillant chevalier vit ses efforts couronnés de succès, et, aidé de l'un de ses sergents d'armes, ils donnèrent à Philippe le temps de se relever et de monter le cheval de Pierre Tristan, qui, de son côté, n'avait pas combattu avec moins de dévouement que Gall de Montigny pour la défense du roi et de la bannière. Un renfort étant arrivé à Philippe, les Allemands furent dispersés, mis complètement en déroute, et l'étendard impérial de l'empereur Othon resta en la possession des Français.

Philippe-Auguste rapporta à Paris, à la tête de son armée, ce trophée, qui consistait en un aigle massif placé au bout d'une perche et traîné sur un chariot attelé de bœufs.

Citons aussi pour mémoire le vaillant Anseau de Chevreuse,

L'oriflamme entourée des sergents d'armes.

qui, à la bataille de Mons-en-Puelle, en 1304, fut trouvé mort, l'oriflamme serrée dans ses bras.

Le 2 février 1478, à l'assaut du Quesnoy, un gentilhomme flamand, Raoul de Lannois, s'élance sur les remparts de la ville et y plante le premier le drapeau royal. Lorsque Louis XI est enfin maître de la ville, il fait venir le brave chevalier, et après lui avoir jeté autour du cou la chaîne d'or de l'ordre de

Saint-Michel : « Par la Pâques-Dieu, lui dit joyeusement Louis XI, vous êtes trop furieux en un combat, mon ami, il vous faut enchaîner; car je ne veux pas vous perdre, désirant plus d'une fois me servir de vous contre nos ennemis. »

Parmi les corps de l'ancienne infanterie, le régiment de Champagne est peut-être celui dont le nom est resté le plus populaire, et cette distinction, il la doit non pas à la bizarrerie de son titre ou à quelque fait isolé qui ait eu un très grand retentissement, mais à la continuité de ses services, à l'excellente discipline qui l'a toujours distingué, à un esprit de corps peut-être excessif, mais qui le rendait capable des plus hauts faits. Quand un soldat était désigné pour une mission périlleuse et qu'on l'interrogeait sur sa résolution, il répondait avec fierté : *Je suis du régiment de Champagne!* et on le laissait aller.

Il est facile de se faire une idée de la part que ce célèbre régiment a prise aux guerres de la monarchie : sur les trente-sept chefs de corps qui l'ont successivement commandé, depuis 1569 jusqu'en 1776, *quinze* ont été tués sur le champ de bataille, et deux sont devenus maréchaux de France.

A la fin du XVIe siècle, la réputation du régiment de Champagne est déjà telle, que les gentilshommes les plus renommés ne veulent accepter d'autres capitaineries que celles de Champagne, et Henri III est obligé d'augmenter d'un tiers le nombre des compagnies du régiment.

Voici d'ailleurs quelle est l'origine de la devise de Champagne :

En 1652, le corps dont faisait partie le régiment, ayant été soudainement cerné par toute l'armée espagnole, fut taillé en pièces ou fait prisonnier.

Seul, Champagne parvint à faire brèche et à se jeter dans la petite place de Miradoux. Le lieutenant-colonel Lamothe-Vedel, qui le commandait, reçut aussi sommation de se rendre, avec menace, si sa reddition n'était pas immédiate, d'être pendu et de voir son régiment passé au fil de l'épée.

Lamothe-Vedel fit cette simple et mâle réponse : *Je m'en f...!* qui fut transformée en une phrase moins rude : *Je suis du régiment de Champagne!*

La conduite du colonel fut à la hauteur de sa réponse, sa belle défense permit aux troupes de secours d'arriver et de lui prêter une aide efficace.

Plus tard, au mois de mai 1743, la retraite de Bohême commençait.

Averti que les Autrichiens vont s'emparer de Deckendorf, le maréchal de Broglie y envoie le 3e bataillon du régiment de Champagne, dont l'effectif n'était plus que de quatre-vingts hommes. Mais déjà la place est envahie, et ces invincibles sont sur le point d'être faits prisonniers. Cependant le capitaine Darimont réunit ses hommes, il leur rappelle leur devise :

« Vous êtes du régiment de Champagne! » leur dit-il. Cela suffit; l'ardeur et le courage renaissent aussitôt.

A la lueur du feu de quelques grenadiers postés dans une tour en ruine sur le pont du Danube, le bataillon rétablit le pont, qui avait été brûlé, et le passe aussitôt sous les regards de l'ennemi, qui n'en peut croire ses yeux et que tant d'audace émerveille.

Toutefois la situation des quinze grenadiers, au dévouement desquels leurs camarades doivent d'avoir franchi le fleuve, n'est pas très brillante.

Le général en chef de l'armée autrichienne n'a pas tardé à savoir qu'il y avait encore à Deckendorf un poste qui résistait avec acharnement, et il le fit aussitôt sommer de se rendre. Alors le chef des grenadiers, le sergent Bienvenu, qui n'ignore pas le danger qu'il court, lui et ses hommes, n'hésite pas : ils ont devant eux des régiments entiers; résister serait une folie, se rendre un déshonneur! On ne se rend jamais, quand on est du régiment de Champagne!

Il déclare qu'il abandonnera la tour à une seule condition : c'est qu'on lui permettra, à lui et à ses quinze grenadiers, de rallier le drapeau du régiment de Champagne; sinon ils préfèrent se battre, dussent-ils mourir jusqu'au dernier!

Et les seize hommes rallièrent leur drapeau [1].

Au printemps de 1654, les Espagnols viennent avec trente mille hommes assiéger Arras, que défend M. de Mondejeu. Turenne prévoit aussitôt les conséquences désastreuses qu'aurait pour le royaume la prise de cette place par Condé. Il convient de parer immédiatement au danger, et malgré son faible effectif, — à peine quatorze mille hommes, — le grand capitaine vient, par La Fère et Péronne, établir son camp à Mouchy-le-Preux, en face des assiégeants. En même temps, voyant que Saint-Pol empêche de fermer le cercle autour de l'adversaire, Turenne s'empare de cette place et reçoit comme renfort à l'armée royale toutes les troupes qui avaient fait le siège de Stenay, cette ville ayant ouvert ses portes au roi.

La situation dans laquelle se trouvait Turenne était ainsi moins défavorable, et il fut décidé que les lignes de l'assiégeant seraient forcées dans la nuit du 24 au 25 août. Ces lignes consistaient en un fossé perdu, large de neuf pieds, profond de six; entre ce fossé et celui de la ligne il y avait un espace de quatre ou cinq pas, rempli de trous profonds de trois à quatre pieds; entre les trous, de petites palissades hautes d'un pied et demi, pour embarrasser les chevaux. Au

[1] Le régiment de Champagne est le régiment d'origine du 8e de ligne, dont l'historique a été fait par le capitaine A. Estrabaut.

Bataille de Bouvines (27 juillet 1214).

delà était la ligne formée d'un fossé de sept à huit pieds et d'un parapet de hauteur ordinaire [1].

Arrivé à une demi-lieue de la ligne, deux heures avant le lever du soleil et sans avoir donné l'alarme, on s'en approche jusqu'à deux cents pas; à ce moment, deux cents hommes qui étaient à la tête de chaque bataillon abordent le fossé. L'opération avait été jugée si difficile, que les officiers presque seuls mènent le combat. Les claies, les fascines sont installées; la cavalerie, passant après l'infanterie, pénètre par une barrière jusqu'à la deuxième ligne, pendant que les régiments de Picardie, de la Feuillade, de Duplessis-Praslin et de Turenne franchissent la première.

M. de Physica plante un drapeau en s'écriant : « Vive Turenne ! »

Comme il l'avait fait à Étampes, le brave capitaine de Physica aborde le premier les retranchements et plante un drapeau en s'écriant : « Vive Turenne! » Le 26 août au matin, les troupes françaises faisaient irruption dans le camp espagnol, et bientôt l'ennemi abandonnait la place.

Ce n'était pas la première fois, en effet, que le capitaine de Physica se servait du drapeau pour exciter l'ardeur et l'enthousiasme de ses troupes.

[1] Faivre d'Arcier, *Historique du 37e régiment d'infanterie de ligne.*

Le 22 mai 1652, au deuxième combat d'Étampes, Turenne avait à lutter contre l'armée des princes, bientôt renforcée par celle du duc de Lorraine. Le premier jour, après un éphémère succès, — une demi-lune prise et reprise, — les troupes royales, harassées de fatigue, sont découragées. Turenne, qui n'ose plus leur demander un effort, tant il juge qu'il serait inutile en ce moment, s'est lui-même retiré chez lui, et tout le monde se repose autant que le permet la présence d'un ennemi aux aguets, lorsque tout à coup l'alarme est donnée. Turenne accourt; il appelle son régiment, lui donne l'ordre de se lancer à l'attaque de la demi-lune, et alors tout seul, sans le secours d'aucune troupe d'appui, le régiment s'avance, drapeaux en tête et déployés sous le feu nourri de la courtine. C'est à ce moment que M. de Physica, premier capitaine, saute dans le fossé, gravit la pente du parapet, plante ses drapeaux au sommet et pénètre dans l'ouvrage, où il établit un logement après avoir complètement chassé l'ennemi.

Cette action se fit à la vue de toute l'armée et fut estimée une des plus belles qui se soient faites depuis la guerre.

Suivant l'expression de la reine mère, Turenne venait de remettre la couronne sur la tête du roi...

En 1664, au mois d'août, le régiment de Turenne fut conduit en Hongrie. Il faisait partie, avec le régiment de La Ferté, du renfort que le comte de Coligny dirigeait contre les Turcs.

Et à la bataille de Saint-Gothard, le 1er août 1664, La Ferté et Turenne, après une lutte acharnée, terrible, réussirent à arrêter la marche en avant des masses ottomanes.

Les Français, que l'ennemi appelait dédaigneusement des *jeunes filles*, à cause de leurs perruques blondes, soutinrent tout l'effort final de la bataille.

A un moment donné, le régiment de Turenne, cerné, ne

Le 25 août 1654, les troupes de Turenne font irruption dans le camp espagnol qui assiégeait Arras.

pouvait qu'à grand'peine répondre aux coups qui lui venaient de tous les côtés à la fois ; il semblait perdu : deux de ses drapeaux avaient été pris. Sillery, enseigne au régiment, mortellement blessé, s'était enveloppé dans l'un d'eux pour mourir, et les Turcs s'étaient aussitôt emparés de ce glorieux trophée. Mais les piquiers du régiment de Turenne ont juré de le reprendre. Cent d'entre eux, commandés par le capitaine de Bohain, s'élancent tête baissée sur un gros de janissaires, renversent à coups de piques tout ce qui résiste à leur passage, taillent en pièces les ennemis et reprennent bientôt les enseignes. Cet épisode fait renaître la confiance : en guise de sonnerie au drapeau, les tambours battent la *fricassée;* M. de Physica, cet officier intrépide, ce merveilleux entraîneur d'hommes, électrise ses troupes en se mettant à leur tête, l'épée haute, et c'est aux sons de la *fricassée* que les Turcs battent en retraite et qu'hommes et chevaux, tombant dans le Raab, transforment cette rivière en un cimetière vivant.

En récompense du fait d'armes accompli par le capitaine de Bohain et pour en perpétuer le souvenir, la garde du drapeau du régiment fut confiée aux piquiers jusqu'à l'époque où disparut cette arme.

Quant à Physica [1], il avait, au moment de la bataille de Saint-Gothard, le grade de lieutenant-colonel.

Le général Susane raconte que ce brave officier, né d'une famille obscure du Dauphiné, obtint à force de bravoure, de mérites et de services, tout ce qu'un homme de sa condition était en droit d'espérer. Anobli en 1667, il fut le premier colonel du régiment Dauphin.

[1] Le capitaine Faivre d'Arcier, dans son historique, orthographie ainsi le nom de ce célèbre officier; le général Susane, dans son *Histoire de l'Infanterie française,* l'écrit plus simplement Fisicat. Les deux ouvrages paraissant tous deux fort documentés, il est difficile de se prononcer sur le choix d'une orthographe définitive.

« Le 1er mai 1656, écrit le lieutenant Bourgue dans son historique, le régiment de Piémont arriva à Chauny, puis rejoignit l'armée de M. de Créqui à Doullens. Après une marche sur Tournay, il revint joindre l'armée de Turenne et fut employé au siège de Valenciennes, à l'attaque de M. de la Ferté.

« Le 2 juillet, chargé d'enlever le chemin couvert, il ne put, malgré d'héroïques efforts, se loger sur le haut de la contrescarpe et fut contraint de faire un logement à moitié chemin sur le glacis. Il eut à cette attaque cent vingt hommes tués ou blessés, un lieutenant, deux enseignes et deux sergents tués; le capitaine Morel, le lieutenant Neufchelles (de la mestre de camp), un autre lieutenant, deux enseignes et trois sergents dangereusement blessés. »

Le régiment de La Ferté perdit le tiers de son effectif sans avancer davantage.

« Je vois bien que le morceau tombera encore sur Piémont, » dit le maréchal de Turenne.

Et, en effet, le 8 juillet, Jacques de Chastenet, marquis de Puységur, chef du régiment de Piémont, s'installe sur les trois angles saillants du chemin couvert, et en moins d'une heure et demie tous les officiers, capitaines et enseignes, travaillant avec diligence et générosité, la communication des trois logements sur les saillants est complètement assurée. Turenne examine le travail; il se montre enchanté, et le maréchal de la Ferté, embrassant le marquis de Puységur devant le régiment tout entier, affirma que « jusque-là le travail n'avait avancé que par la garde de Piémont ».

Mais le siège devait se terminer par un désastre. Dans la nuit du 15 au 16 juillet, l'armée espagnole, conduite par Condé, attaque les lignes dans la direction de M. de la Ferté. Le quartier des gardes est forcé; le capitaine Ringal (de Piémont), qui commandait un redan de ce côté, voyant la déroute des gardes, sort de son poste et marche à l'ennemi; il tombe mortellement blessé. Le redan et la barrière sont enlevés malgré l'énergique résistance du capitaine Lignan, qui fit des merveilles et repoussa par trois fois les attaques des Espagnols.

Le régiment est enveloppé par des forces dix fois supérieures; le désordre devient extrême, et Puységur, comprenant que tout est perdu, songe à sauver le drapeau. Sur son ordre, son fils aîné, enseigne de la colonelle, cherche de tous côtés un officier à cheval qui puisse emporter loin du combat le précieux emblème.

Après avoir erré longtemps au milieu de la confusion générale, le jeune enseigne finit par rencontrer le capitaine Saintot, qui prend le drapeau, pique des deux et réussit à s'échapper.

Écrasés par le nombre, Puységur et quelques officiers survivants durent se rendre; mais ils remirent leur épée à Condé lui-même, pour ne pas être prisonniers des Espagnols.

Le drapeau de Piémont était noir.

En juillet 1644, le capitaine de Charmois fut chargé d'aller porter au roi dix drapeaux qui avaient été pris à la garnison de Gravelines.

En 1746, le maréchal de Saxe envoya le colonel de la Massays, commandant de Piémont, porter à Louis XV cinquante-deux drapeaux et trois étendards pris sur la garnison de Bruxelles.

M. de la Massays arriva à Paris le 1er mars, et les drapeaux furent portés en grande pompe à Notre-Dame; le colonel, à cette occasion, fut nommé brigadier.

BONAPARTE AU PONT D'ARCOLE — DAUMESNIL — LE CHASSEUR BOLDAN — LE CAPITAINE SCHERER ET LE GÉNÉRAL LA MARTILLIÈRE A VAPRIO — LE COMMANDANT CHAUVEL — LE LIEUTENANT PAQUIN A LA PRISE DE CONSTANCE

Tout le monde connaît l'incident du pont d'Arcole, où Bonaparte, en novembre 1796, exaspéré de la résistance opiniâtre de l'adversaire et qui sait que de l'issue de la bataille dépend le sort de l'Italie, descend de cheval, saisit un drapeau, encourage ses hommes par de belles paroles et se précipite sur le pont, où la mitraille et la fusillade font rage.

Muiron, aide de camp du général, voit son chef manacé; il veut le couvrir de son corps et tombe mort à ses pieds.

Alors, les soldats saisissent Bonaparte et l'emportent à travers le feu et la fumée; une colonne autrichienne débouche sur eux et les repousse en désordre jusque dans des marais. Le général en chef y tombe, enfoncé jusqu'à mi-corps.

« En avant, s'écrient les hommes, pour sauver le général! »

Tous se précipitent et réussissent à retirer Bonaparte sain et sauf du milieu des marécages.

Cependant, aidé d'Augereau et de Masséna, le grand capitaine voit se dessiner la victoire. Découragés, accablés de fatigue après *soixante-douze heures* d'une effroyable lutte, les ennemis reculent, puis se retirent, cédant le terrain à l'héroïsme de quelques milliers de braves, après avoir perdu cinq mille prisonniers et eu de huit à dix mille morts ou blessés.

Cette victoire, due au génie de Bonaparte, à l'intelligence de ses généraux et à la vaillance de ses troupes, provoqua en France et même en Europe une émotion extraordinaire. En France particulièrement, on célébra l'héroïsme du jeune général au pont d'Arcole, et ce fait d'armes, immortalisé par le pinceau et le burin, est resté l'un des plus populaires du célèbre homme de guerre.

Le conseil des Anciens et celui des Cinq-Cents, en déclarant que l'armée avait bien mérité de la patrie, décidèrent que les drapeaux français portés à la bataille d'Arcole contre les

Bonaparte au pont d'Arcole (15 novembre 1796).

bataillons ennemis par les généraux Augereau [1] et Bonaparte leur seraient donnés à titre de récompense nationale.

Le général en chef de l'armée d'Italie remercia le ministre de la guerre de l'envoi qui lui avait été fait, et le même jour il envoya ce drapeau au général Lannes [2] en y joignant la lettre suivante :

[1] Le 15 novembre 1796, premier jour de la bataille, Augereau, après avoir échoué une première fois, voulut tenter de repasser le pont d'Arcole. Il le fit en prenant lui-même un drapeau à la main et en s'élançant sur le pont ; mais il lui fut impossible de résister longtemps aux Croates qui l'assaillirent, lui et ses soldats.

[2] Lannes avait été blessé au commencement de la bataille d'Arcole.

« Le Corps législatif, citoyen général, me donne un drapeau en mémoire de la bataille d'Arcole.

« Il a voulu honorer l'armée d'Italie dans son général. Il fut un instant aux champs d'Arcole, où la victoire incertaine eut besoin de l'audace de ses chefs. Plein de sang et couvert de trois blessures, vous quittâtes l'ambulance, résolu de mourir ou de vaincre. Je vous vis constamment dans cette journée au premier rang des braves. C'est vous également qui le premier arrivâtes à Dego, passâtes le Pô et l'Adda. C'est à vous à être le dépositaire de cet honorable drapeau, qui couvre de gloire les grenadiers que vous avez constamment commandés. Vous ne le déploierez désormais que lorsque tout mouvement en arrière sera inutile et que la victoire consistera à rester maîtres du champ de bataille. »

Pendant la campagne de 1797, en Italie, le 10e régiment de chasseurs à cheval et le 3e régiment de dragons formaient, sous le commandement du général Dugua, la réserve de cavalerie de l'armée d'Italie.

Sous Mantoue, c'est-à-dire du mois de janvier au mois de mars 1796, le 10e chasseurs était engagé presque chaque jour à des combats d'avant-postes.

En février, dans une de ces rencontres, l'étendard et le porte-étendard, qui couraient un grand danger, furent sauvés tous deux par un simple chasseur du nom de Bolban.

Le régiment conserve pieusement le souvenir de ce modeste héros. Voici, d'ailleurs, dans quelle circonstance fut accompli cet acte de courage :

L'officier porte-étendard, complètement isolé, se débattait désespérément au milieu d'un groupe d'Autrichiens et allait être fait prisonnier avec son étendard.

Mais Bolban a aperçu son chef; il a vu le danger, et sans

réfléchir un instant à celui qu'il va courir, lui qui est seul contre une poignée d'ennemis, il se précipite, tête baissée, le sabre à la main, sur le groupe de cavaliers autrichiens. Ceux-ci, pris à l'improviste, n'ont pu songer un seul instant à opposer à ce « cavalier seul » la moindre résistance, tandis que lui, manœuvrant habilement son sabre, franchit le cercle ennemi,

La 32e demi-brigade attaque le village d'Arcole (16 novembre 1797).

pénètre jusqu'à son officier, qu'il délivre ainsi que l'étendard.

Les Autrichiens sont tellement stupéfaits de tant d'audace, qu'ils ne songent même pas à bouger. Il ne leur vient pas à l'idée de poursuivre les deux chasseurs, trop heureux de s'enfuir de toute la vitesse de leurs chevaux, sous les regards ébahis de ceux qui avaient escompté déjà le fruit d'une si belle capture.

Bolban reçut, en récompense de son acte de bravoure, un

fusil d'honneur ; il fut, un peu plus tard, nommé chevalier de la Légion d'honneur.

Dans sa lettre du 17 janvier 1797 au Directoire, Bonaparte mentionne un drapeau qui fut pris par Daumesnil, alors âgé de vingt ans et appartenant à la compagnie des guides du général en chef. Deux jours avant cette date, c'est-à-dire vers le 15 janvier, la garnison de Mantoue fit une sortie pour débloquer cette place. Au cours de l'affaire, Daumesnil enleva un drapeau à l'ennemi et alla aussitôt le présenter à Bonaparte; mais le général en chef, sans doute fortement préoccupé à ce moment, ne prêta aucune attention au valeureux soldat et à son trophée. Il y avait de quoi être découragé; mais Daumesnil préféra prendre sa revanche, et il s'empara d'un second emblème qui n'était autre que celui donné par l'impératrice d'Autriche aux volontaires de Vienne et brodé de sa main.

Cette fois, le brave guide mit la cravate dans sa poche, et Bonaparte, qui était sans doute moins préoccupé à ce moment-là, en fit aussitôt la remarque à Daumesnil.

« Mon général, répondit le futur général, vous ne m'avez rien accordé pour le premier, je me suis payé pour le second. »

Le soir du 23 avril 1799, la division Sérurier quittait les bords de l'Oglio, se rendant à Bergame. La nuit était affreuse; les troupes pataugeaient dans l'eau et dans la boue, sous la pluie.

Trois jours après, Moreau, qui avait remplacé Scherer dans le commandement de l'armée d'Italie, apprend que les Russes ont passé l'Adda à Brivio, et que la division Sérurier descend tout entière sur Vaprio. Craignant d'être tourné par sa gauche, il fait suspendre à Sérurier son mouvement : celui-ci remonte alors vers Lecco, ne laissant à Trezzo que le seul bataillon de la 3e demi-brigade; la division Grenier, elle, doit aller en hâte à Cassano sur Vaprio.

Ce bataillon de la 3e, isolé à Tresso en face de l'Adda, était bien risqué. Les Autrichiens l'ont vu, et, dans la nuit, la division autrichienne de Ott établit un pont sous Trezzo, passe tout entière sur la rive droite, et vers quatre heures du matin le bataillon est obligé de se réfugier vers Pozzo. Par bonheur, un bataillon de la 63e, avant-garde de la division Grenier, arrive. A tout prix, il faut ralentir le mouvement de l'adversaire. Les deux bataillons foncent sur les Autrichiens, la victoire se dessine; ils font deux cents prisonniers; mais soudain l'ennemi reçoit un renfort important, il force le bataillon de la 63e sur le bord de la rivière, à Vaprio, et prend de flanc et de front le bataillon de la 3e. C'est une mêlée sanglante, épouvantable. La 3e demi-brigade soutient héroïquement l'effort d'une division entière.

Le général La Martillière, chef de la brigade, encourage les soldats, donne de sa personne, et, après des prodiges de valeur, il tombe atteint de deux balles qui lui traversent la jambe droite et le bas-ventre.

Le drapeau va être enlevé; Scherer, capitaine adjutant-major, a vu le danger. A la tête d'une poignée d'hommes intrépides, il repousse les premiers rangs des Autrichiens et sauve le drapeau au prix de sa propre liberté; car Scherer, dans l'action, est fait lui-même prisonnier.

Le bataillon va être décimé, anéanti ou prisonnier tout entier, lorsque la division Grenier arrive enfin. De leur côté, les Autrichiens sont renforcés par la division du général Zoph.

Électrisés par la présence de Moreau, les Français font des prodiges de valeur; ils se battent comme des lions. Vaprio est pris et repris. Le célèbre sergent Fricasse, dans son *Journal de marche*, devenu légendaire, raconte qu'on se battait à coups de pierres dans les jardins et que le sang ruisselait dans les rues comme l'eau quand il tombe un orage.

Malheureusement la division Grenier, écrasée par le nombre, tournée, diminuée de deux mille quatre cents hommes, est obligée de battre en retraite vers Milan. Le bataillon de la 3e demi-brigade est avec elle. Une compagnie, celle de Fricasse, blessé lui-même à Vaprio, avait été réduite à un fourrier, un caporal et six hommes. Elle en comptait cent dix, le 26 mars précédent, à Legnano.

Le 19 septembre 1799, à la bataille de Bergen, les Français prirent cinq drapeaux aux Anglo-Russes, dont un fut enlevé par le commandant Chauvel, de la 49e demi-brigade.

Chauvel parvint jusqu'au grade de général de brigade. Il obtint, en outre, le titre de baron de l'Empire et fut élevé à la dignité de commandeur de la Légion d'honneur, après avoir assisté à cent vingt batailles ou combats. Il mourut à Darvoy, dans le Loiret, le 17 juin 1838.

Les troupes françaises chargées de l'attaque de Constance (1799) étaient divisées en deux colonnes.

Celle de gauche était formée par deux bataillons de la 67e demi-brigade, en tête desquels marchaient deux pelotons commandés par le lieutenant Paquin.

Le village d'Emishoffen était l'objectif de cette troupe, et le lieutenant Paquin aborda l'ennemi avec une telle vigueur, qu'il l'obligea à battre en retraite sur Constance, où les intrépides soldats de cet officier arrivèrent en même temps que les fuyards.

Mais ce dont il s'agit de s'emparer, c'est le pont du Rhin.

Il a une importance capitale, car il constitue la seule ligne de retraite de l'adversaire, et Paquin dirige son attaque de ce côté; mais il est assailli par des forces dix fois supérieures aux siennes, et il ne peut rester maître du point stratégique dont il s'était réservé la garde. Obligé de battre en retraite, il rallie le gros des bataillons de la 67e demi-brigade, au moment où

La 67e demi-brigade à l'attaque de Constance (1799).

le général Gazan donne l'ordre au colonel de reprendre le pont.

« Je le reprendrai, moi, dit le lieutenant Paquin, si vous me laissez augmenter l'effectif de ma troupe avec les braves que je connais. »

Prenant alors le commandement de la tête de colonne, renforcée de ceux qu'on lui a laissé choisir, Paquin fait battre la charge, provoquant ainsi de la part de ses soldats une invincible ardeur; mais il se heurte encore à une masse imposante d'adversaires, qu'une furieuse attaque est impuissante à faire reculer... pour le moment. Avec une opiniâtreté qu'accroît encore la résistance de l'ennemi, les braves de la 67e demi-brigade reviennent à l'assaut, entament les lignes de l'adversaire, qui est bientôt obligé d'abandonner le pont, font de nombreux prisonniers, et le sous-lieutenant Gentilly s'empare d'un drapeau.

Dans le même engagement, le sous-lieutenant Canche, arrivant au pont du Rhin avec une poignée d'hommes au moment où deux bataillons ennemis le traversaient, battant en retraite, fit ouvrir le feu, et, malgré l'infériorité numérique de sa petite troupe, tua un général, prit six officiers et trente-deux hommes.

LE 11e HUSSARDS AU PASSAGE DU MINCIO — LES SOUS-OFFICIERS PIERRON ET MOREAU — LE BRIGADIER LAGRENADE — UNE RUSE — LE FOURRIER DAIGROND A HOLLABRUNN — LE SOUS-LIEUTENANT RENAUD A WAGRAM

Le 25 décembre 1800, un peu après midi, l'aile droite de l'armée d'Italie effectuait le passage du Mincio.

Le 11e régiment de hussards, attaché à la division Monnier, fit en cette affaire des prodiges de valeur, confirmés par plusieurs rapports conservés aux archives du ministère de la guerre. Le village de Pozzolo, trois fois pris et repris, fut en particulier le théâtre de combats acharnés.

« Les troupes ont combattu avec le plus grand courage, dit le rapport du général Monnier; elles ont bravé la cavalerie ennemie, culbuté ses plus beaux bataillons et conservé le champ de bataille, après avoir fait supporter à l'ennemi une perte énorme en tués et blessés, lui avoir fait mille prisonniers, pris trois canons et un drapeau: elles ont rivalisé de gloire. »

Ce drapeau fut pris par un hussard du 11e régiment, le

maréchal des logis Pierron. Ayant rencontré le général Watrin, ce dernier donna l'ordre à Pierron, porteur de son trophée, de passer au galop devant le front de la division pour exciter le courage des troupes.

Mais, au cours de sa chevauchée, le maréchal des logis devient le point de mire des fusils ennemis, et une balle lui fracasse la mâchoire; il est aussitôt promu officier.

Pierron avait déjà eu l'occasion de se signaler à la Trebbia, où il fut blessé. Après le passage du Mincio, il eut l'honneur d'être cité à l'ordre du jour de l'armée d'Italie. Plus tard, il fut décoré et passa sous les ordres de Murat, roi de Naples.

Quant aux canons dont parle le général Monnier dans son rapport, deux d'entre eux furent pris par un autre sous-officier, le maréchal des logis Moreau.

« Le maréchal des logis Moreau, écrivait le général Dupont, commandant de l'aile droite, a encore trouvé le moyen de se signaler. A la tête d'un faible peloton de hussards déterminés, il fit quatre cents prisonniers près de Mozambano, et ramena deux pièces de canon.

« Il est peu de batailles dont le gain ait été disputé avec autant d'acharnement de part et d'autre et une aussi grande inégalité de forces. Quatorze mille hommes ont triomphé de quarante mille. »

D'autre part, le général Watrin s'exprimait ainsi :

« Je n'avais à opposer à la cavalerie autrichienne que deux escadrons du 11e hussards, sous les ordres du chef d'escadron Martigues. Ils se sont *sacrifiés* pour soutenir, à l'aide de l'infanterie et de l'artillerie, une charge aussi vigoureuse qu'elle était nombreuse. Il n'y a pas un officier de cet héroïque régiment qui n'ait été atteint d'un coup de feu, lui ou son cheval. »

Enfin le colonel Avice dressa, le 9 février 1801, une relation particulière des corps sous ses ordres pendant la campagne. Nous en extrayons les lignes suivantes :

« Au passage du Mincio, le 4 nivôse, le 11e hussards ne cessa de servir du matin au soir ; il exécuta et renouvela plusieurs charges avantageuses contre un ennemi toujours supérieur en nombre. Les deux escadrons attachés à la division du général Watrin chargèrent une colonne formidable, la culbutèrent, et firent plus de trois cents prisonniers.

« Un maréchal des logis en (*sic*) chef prit un drapeau. Les deux escadrons attachés à la division du général Monnier essuyèrent un feu continuel d'artillerie et de mousqueterie pendant toute la journée pour soutenir l'infanterie.

« Les canons furent pris par Moreau, maréchal des logis, et Lagrenade, brigadier, pour qui il a été demandé des sabres d'honneur. »

Comme post-scriptum à cette lettre, le colonel Avice fait remarquer que c'est pour la troisième fois qu'il est demandé une récompense d'honneur pour le maréchal des logis Moreau.

Le premier consul la lui accorda et le fit ensuite chevalier de la Légion d'honneur.

Ajoutons que ce fut Moreau qui, le premier de l'armée française, passa le Mincio.

A la bataille d'Hollabrünn, le 3e de ligne joua un rôle éclatant. Le maréchal Soult a raconté lui-même la part que prirent à ce combat la division Legrand et le 3e de ligne, qui en faisait partie.

« Les 3e et 2e divisions, dit le maréchal, étaient cantonnées entre Gallersdorf et Hollabrünn. Le 16 novembre 1805, à une heure de l'après-midi, je reçus l'ordre du prince Murat de les mettre sur-le-champ en marche et de les diriger en avant d'Hollabrünn, pour former la réserve du corps du maréchal Lannes.

« Je dirigeai la division Legrand par la droite de Schongraben sur le flanc gauche de la ligne ennemie établie en avant du village de Grund. La division était en deux colonnes : celle de droite, composée de l'infanterie légère, avait ordre de déborder l'ennemi et de venir s'établir en arrière de Grund pour

Le 3e de ligne à Hollabrünn (16 novembre 1805).

couper la retraite ; mais, l'attaque étant commencée, elle ne put arriver à temps et fut chargée de protéger le mouvement de la colonne de gauche.

« Celle-ci arriva sur l'ennemi l'arme au bras et ne commença son feu que lorsque toute la gauche des Russes eût été entièrement débordée et Grund tourné. Legrand déploya alors ses deux brigades ; il fit rester celle du général Levasseur en réserve, marcha avec celle du centre, composée du 3e régiment, pour attaquer l'ennemi, qui tenait encore en tête du village.

« Les Russes avaient garni toutes les maisons de Grund d'une partie de leur infanterie, et, à mesure que la colonne avançait, le général Legrand devait faire emporter ces espèces de retranchements avant de s'engager jusqu'à l'extrémité du village, sans quoi il eût perdu beaucoup de monde. Parvenu aux deux tiers de ce défilé, le 3e de ligne se trouva attaqué par toute la colonne russe que la division de grenadiers poussait de front et qui avait déjà débordé sa droite. Dans un instant la mêlée devint générale, et tous les militaires du 3e combatttirent corps à corps; quatre compagnies du 18e et la gauche du 75e purent même y prendre part.

« Pressés de tous côtés, les Russes firent une résistance opiniâtre. Mais enfin ils furent entièrement défaits. Les rues de Grund, les cours des maisons, les écuries, les jardins, tout cet espace resta jonché de leurs cadavres. Un très grand nombre fut blessé; le restant était entièrement pris, quand l'ennemi, profitant de l'obscurité de la nuit, mit, en tête d'une colonne qu'il était parvenu à former, plusieurs des siens qui parlaient français et une vingtaine de prisonniers qu'il nous avait faits. Marchant ainsi à la portée de la colonne commandée par le général Levasseur, il cria:

« — Cessez le feu! c'est sur vos propres gens que vous tirez. »

« Cette ruse réussit, et il parvint à sauver sept à huit cents hommes. Le général Legrand ne conserva que cinq cents prisonniers et trois cents blessés, confondus avec les morts... On en prit pendant toute la nuit qui étaient dans nos colonnes. A dix heures, le feu cessa complètement.

« M. le général Legrand mérite d'être cité particulièrement par la fermeté, l'audace et la sagesse des dispositions qu'il prit dans cette affaire, et il fut parfaitement secondé par tous les chefs du 3e régiment... Le général Legrand me rend compte que dans ce combat, où la valeur française s'est montrée dans tout son éclat, les Russes ont perdu au moins trois mille hommes ; sa division a perdu deux cent quarante-cinq hommes, dont quarante-six tués, y compris les officiers, cent soixante-dix blessés et vingt-neuf prisonniers ou égarés. »

Le 3e avait été particulièrement éprouvé : il perdait cinq officiers, tués dans les rues de Grund; dix-huit étaient plus ou moins grièvement blessés. Mais que de braves se distinguèrent ce jour-là ! ce furent les commandants Mouton et Horiot, le capitaine Baussain, qui, leur épée brisée, ramassèrent chacun un fusil pour faire le coup de feu et le coup de crosse; ce furent encore le sergent Lévêque, le grenadier Béringe, le tambour Molé, le caporal Vuillemot. Mais le grand honneur de la journée revient au fourrier Daigrond.

« Il était à la garde du drapeau : le sous-officier qui le portait tombe frappé. Trois fourriers viennent tour à tour se remplacer au périlleux honneur de porter dans la mêlée l'aigle du régiment; ils sont tour à tour grièvement blessés, et le drapeau va tomber entre les mains des Russes, quand Daigrond s'élance, s'en empare et, sans reculer d'un pas, tenant tête avec une vigueur surhumaine au flot des ennemis qui fond sur lui, il assomme à coups de crosse et tue à coups de baïonnette tous ceux qui se présentent à portée de son bras. Il était bientôt dégagé par une charge furieuse, qui acheva la déroute des Russes [1]. »

Vers la fin de la journée du 5 juillet 1809, Napoléon, ayant voulu brusquer le mouvement et enlever à tout prix les hauteurs de Wagram, donna l'ordre à Oudinot d'attaquer Baumersdorf.

[1] Lieutenant M. Bourgue, *Historique du 3e régiment d'infanterie*.

La division Grandjean, — qu'on appelait encore division Saint-Hilaire, pour honorer la mémoire de son ancien général, — la division Grandjean prend aussitôt ses dispositions, appuyée par la division Tharreau. Mais il était alors six heures et demie du soir, et la nuit commençait à tomber; dans cette pénombre une action très vive s'engagea sur les bords du Russbach. Le 3e est en première ligne ; il charge avec sa vigueur traditionnelle, refoule les Autrichiens, mais il échoue devant le village, éprouvant des pertes importantes.

Néanmoins la lutte se prolonge encore longtemps ; l'obscurité s'est accrue, et, dans une charge, le lieutenant premier porte-aigle Chevalier est tué ; à la faveur de la nuit, le drapeau du régiment va tomber entre les mains de l'ennemi, lorsque le sous-lieutenant Renaud se précipite, s'en empare et l'arrache aux Autrichiens, malgré le coup de feu qu'il a reçu à la cuisse droite. On sait que la bataille décisive n'eut lieu que le lendemain 6 juillet, et que cette fois les Autrichiens furent vaincus.

Le sous-lieutenant Renaud, qui n'en était pas d'ailleurs à son premier acte de courage, reçut comme première récompense un sabre d'honneur, puis il reçut la croix en 1813.

Ce Renaud était un brave dans toute l'expression du terme. Comme simple soldat, se trouvant un soir, pendant la campagne de 1799, cerné dans le village d'Erpalo avec vingt de ses camarades, il parvint à se faire jour à travers un ennemi nombreux et, par son exemple, sauva le détachement tout entier, qui sans lui eût été inévitablement pris. Sergent, il reçut un fusil d'honneur pour sa belle conduite à la Verreria, le 11 avril 1800 ; c'est encore en récompense d'une action d'éclat à Heilsberg, où il fut blessé d'un coup de feu à la bouche, qu'il fut nommé sous-lieutenant ; à Thann, Renaud est encore blessé à la main droite.

Lieutenant premier porte-aigle le 11 juillet 1810, il passa capitaine au 46e le 15 avril 1813, fut blessé à l'épaule à Kulm le 30 août de la même année, se distingua encore pendant la campagne de 1814, et prit sa retraite le 1er août 1814.

PENDANT LA CAMPAGNE D'ESPAGNE — LE COLONEL-GÉNÉRAL DE CHAMORIN — LE CAPITAINE CALLAME, DU 26e DRAGONS — AUTOUR DE BADAJOZ — COMBAT DES ARAPILES — LE LIEUTENANT GULLINAT PREND UN DRAPEAU ANGLAIS — LE GÉNÉRAL GIRARD

Le 25 mars 1811, le colonel de Chamorin, commandant le 26e dragons, reçut la mission de couvrir la retraite de l'armée française évacuant Campo-Mayor. Il n'avait à sa disposition, pour ce rôle important, que cinq cents cavaliers et un bataillon du 100e de ligne, alors que l'armée ennemie comptait sept mille fantassins et six mille cavaliers environ. Ce qui n'empêcha pas Chamorin d'arrêter pendant huit heures la marche de l'adversaire, de lui faire une centaine de prisonniers, et de permettre au convoi de gagner Badajoz. Malheureusement, la journée ne devait pas se terminer aussi bien qu'elle avait commencé. Avant de se replier définitivement sur Badajoz, le colonel voulut exécuter une dernière charge à la tête de son escadron d'élite. Mais, emporté par sa fougue habituelle, poussant à fond son cheval, il se trouve au milieu des Anglais, séparé des siens. Entouré d'ennemis, il ne peut même plus combattre à cheval ; c'est à pied, le sabre à la main, sans casque, qu'il cherche à parer les coups qui le menacent de toutes parts, et qu'il frappe l'ennemi et d'estoc et de taille.

Émerveillés eux-mêmes d'une telle bravoure, les Anglais crient au colonel de se rendre. Mais il se rappelle cette phrase, qu'il a écrite à un ami et qui est restée comme sa devise : *Si l'on vous dit jamais que je suis prisonnier des Anglais, n'en croyez rien, c'est que je ne serai plus ; ils ne m'auront que sans vie!* Il répond par des coups de sabre plus vigoureux encore, et frappe mortellement un jeune cavalier anglais, fils de famille, confié à la tutelle d'un vieux soldat [1].

C'est son arrêt de mort; le vieux dragon anglais ne songe qu'à venger son maître, il se précipite sur Chamorin le sabre haut et lui sépare la tête en deux !

Le vaillant colonel, dont la bravoure avait émerveillé ses ennemis, reçut d'eux d'imposantes funérailles ; tous les honneurs militaires lui furent rendus, et il fut enterré à l'endroit même où il était tombé, en présence d'une députation de sous-officiers et de soldats de son régiment, qui étaient venus pour réclamer son corps.

Le général anglais Beresford écrivit même au général Latour-Maubourg pour rendre un éclatant témoignage à l'héroïsme du colonel, du général, devrions-nous dire ; car M. de Chamorin, tué le 25 mars 1811, avait été nommé général de brigade le 5 mars de la même année, et le maréchal Soult avait reçu le brevet de cet officier le 24 mars, la veille de sa glorieuse mort.

Soult fut très affecté de cette perte. Il l'annonça dans les termes les plus émus et les plus flatteurs au prince de Wagram, major général du roi Joseph.

« La nouvelle de la mort du colonel de Chamorin, écrivait Soult, tué à la dernière affaire qui a eu lieu près de Campo-Mayor contre l'armée portugaise, s'est malheureusement confirmée ; je l'ai reçue presque en même temps que la lettre de V. A., en date du 12 mars, qui me prévient que S. M. l'Empereur avait nommé, par décret en date du 5 mars, le brave et estimable officier général de brigade. La perte du colonel de

[1] De Lassuchette, *Historique du 26e dragons.*

Chamorin m'est très sensible, c'était un chef d'une grande distinction. »

« D'une grande distinction et aussi d'une rare bravoure, dit M. de Lassuchette, Chamorin, mort à trente-huit ans, avait assisté à *cent quarante-deux* sièges ou batailles, avait été blessé quatre fois, et avait, en un mot, suivi partout le drapeau de la France, fût-ce l'étendard de la première république ou l'aigle impériale. »

Parmi les régiments qui se signalèrent tout particulièrement pendant la campagne d'Espagne, il convient de signaler le 26e régiment de dragons.

Pendant la plus grande partie de l'année, le 4e escadron, commandé par le capitaine Callame, fut constamment détaché de la portion principale, et il eut l'occasion, en maintes circonstances, de se couvrir de gloire.

Au mois de janvier 1812, le 4e escadron se trouvait dans le gouvernement de Madrid, et, alors qu'il ne se composait que de cent cinquante hommes, il détruisit complètement le corps de Mondidéo, fort de trois cents cavaliers ; quatre-vingt-trois furent faits prisonniers, deux cents furent laissés pour morts sur le champ de bataille, soixante et onze chevaux furent pris.

Payant de sa personne, le capitaine Callame s'empara lui-même de l'étendard des chasseurs de Guadalaxara et reçut, en récompense de ce beau fait d'armes, la croix de la Légion d'honneur.

Pierre Callame était né à Bitche, le 24 avril 1771.

En mars 1812, à l'assaut de Badajoz, que bloquaient étroitement les Anglais, le 26e dragons perdit les quelques hommes qui y étaient entrés le 15, sauf cependant cinq d'entre eux, qui réussirent à s'échapper. Le général Pierron a consigné, dans ses méthodes de guerre, ce trait particulier d'audace.

« Après l'assaut qui nous fit perdre Badajoz, écrit le général Pierron, les généraux Philippon et Veilande se retirèrent de nuit dans le fort San-Cristobal. Ils étaient escortés par un détachement de cavalerie.

« La petitesse du fort ne permettant pas d'y introduire les chevaux, plusieurs furent attachés aux palissades et abandonnés; mais un maréchal des logis et sept chasseurs du 21e, et cinq dragons du 26e, n'ayant pas voulu se séparer de leur monture, conçurent le téméraire projet de traverser l'armée ennemie pour rejoindre les Français. Ils culbutèrent d'abord les postes de la cavalerie portugaise, passèrent à la nage la Gebora, entre le pont qui est sur la rivière et la citadelle, et se jetèrent dans les bois de Montijo. Ils traversèrent tous les bagages ennemis et arrivèrent le lendemain à midi à Médira.

« Le maréchal des logis obtint quelques vivres de l'alcade, qu'il connaissait. Celui-ci l'instruisit de l'ordre qu'il venait de recevoir, d'arrêter quinze cavaliers échappés de Badajoz, parmi lesquels on supposait le général Philippon. Cependant, comme il voulait ménager les Français qu'il attendait, il ne lui en donna pas moins un guide sûr ; tandis que d'un autre côté il envoyait prévenir une bande de guérillas, satisfaisant ainsi à la prudence et à l'animosité. Enfin, le détachement étant parvenu sans obstacle sur les bords de la Guadiana, il l'avait passée homme par homme dans un petit bateau, qui ne contenait que le batelier et un soldat assis sur sa selle, tenant son cheval qui nageait à côté de lui. Cette opération ayant duré plusieurs heures, les guérillas atteignirent le détachement lorsqu'il entrait dans le village de Palomas. Les Français les chargèrent avec la furie que leur inspirait leur situation désespérée ; ils en sabrèrent plusieurs et s'emparèrent de leur chef. Ils l'amenèrent au maréchal Soult à Villafranca, auquel ils donnèrent différents détails sur l'assaut de Badajoz. »

Il est regrettable que l'histoire ne nous transmette pas le nom de ces cinq braves, ou tout au moins celui de leur sous-officier. Ce n'en est pas moins une belle page dans les fastes du 26e dragons.

Le 22 juillet 1812, le maréchal Marmont, s'étant porté sur les hauteurs de Calvarossa de Arriba pour reconnaître la position ennemie, vit qu'entre les deux armées se trouvaient deux mamelons isolés, nommés les Arapiles. Il se rendit compte aussitôt de l'excellent parti qu'il pouvait tirer de celui qui était à la fois le plus rapproché de nous et le plus élevé, et il prescrivit au général Bonet d'aller l'occuper, en en faisant le point d'appui de notre droite.

L'armée anglaise, elle, bien qu'ayant son point d'appui de retraite à la montagne de Téjarès, se rendit compte que l'armée française occupait des positions beaucoup plus fortes qu'elle, et, au lieu d'accepter la lutte, Wellington se retira, obligeant ainsi les troupes de Marmont à se porter en avant, c'est-à-dire à abandonner les emplacements avantageux qu'elle avait précédemment choisis. Et, en effet, l'armée française, pressée d'engager la lutte, énervée de voir l'adversaire se dérober, dessina un mouvement en avant tel, que le maréchal Marmont, voyant le danger, et pour remédier à ce mouvement inconsidéré, se porta sur le plateau, où la lutte s'annonçait comme devant être particulièrement opiniâtre.

Mais, blessé par un boulet creux qui lui fracasse le bras droit et lui fait une double blessure au côté, Marmont est obligé de passer le commandement au général Bonet. Blessé à son tour un instant après, le général Bonet cède la place au général Clauzel. L'ennemi n'est pas sans avoir remarqué que, depuis un certain temps, les mouvements des troupes françaises sont indécis, flottants. Il n'en faut pas davatange pour décider

Wellington à prendre l'offensive. Notre 5e division est mise en déroute, et la cavalerie anglaise oblige la 7e division d'évacuer le plateau. Tout l'effort de l'ennemi ne porte plus alors que sur le grand Arapile, qui devient l'objectif de ses efforts combinés.

La 8e division soutient le choc d'abord avec avantage. Le combat est acharné, et le 117e de ligne accomplit des prodiges de valeur.

A un moment donné, le commandant de Mylins, à la tête de son bataillon, tente un mouvement offensif à la baïonnette, et sa manœuvre audacieuse est couronnée de succès. L'ennemi est enfoncé. Dans le feu de la mêlée, le lieutenant Gullinat, 1er porte-aigle du régiment, aperçoit à peu de distance de lui un porte-drapeau anglais. Il l'a bientôt rejoint, et, lui coupant le bras d'un coup de sabre, il lui arrache son emblème.

Au prix d'efforts inouïs, blessé de plusieurs coups de baïonnette, obligé d'engager des corps à corps successifs, le lieutenant Gullinat parvient à remettre le glorieux trophée au commandant de Mylins, qui lutte aussi pour le garder. Le fait est porté à la connaissance de Marmont, et, le soir, le commandant en chef, couché sur son brancard de blessé, reposait à côté du drapeau ennemi.

Malheureusement ce haut fait d'armes ne nous donna pas la victoire. Malgré les pertes énormes subies par les Anglais, la 8e division dut se replier en bon ordre, tandis que les autres, couvertes par la première, battirent en retraite sur Albas de Tormès. Toutefois, le commandant de Mylins fut cité à l'ordre du 118e pour l'intrépidité avec laquelle il dirigea la charge de son bataillon. Du reste, cet honneur, le commandant le partagea avec le capitaine Margoët, qui eut un cheval tué sous lui, et le brave lieutenant Gullinat pour la prise du trophée anglais.

C'est également en Espagne que se signala un homme dont toute la vie militaire fut celle d'un héros. Nous voulons parler du général J.-B. Girard (certains auteurs écrivent Gérard). *Sans perdre un drapeau,* il eut raison, avec deux ou trois mille hommes, de *douze mille* Anglais.

La veille de Waterloo, il contribua puissamment à la dernière victoire de Napoléon, en se maintenant à Ligny et en chassant les Prussiens de Saint-Amand après leur avoir tué dix-huit mille hommes (16 juin 1815).

Malheureusement le général Girard, dont les deux généraux de brigade avaient été mis hors de combat, trouva la mort dans cette bataille. Ayant reçu plusieurs coups de feu à bout portant, il fut renversé de son cheval, qui, en tombant, lui brisa l'épine dorsale.

SÉBASTOPOL — LE SOUS-LIEUTENANT DEHAYE — LE PORTE-DRAPEAU GANICHON — LE COLONEL PICARD — LE COLONEL FILLIOL DE CAMAS — LE COMMANDANT CORNULIER DE LUCINIÈRE — SOLFÉRINO — DE GUISEUIL — ORSAL, AIGUIER ET FOUBERT

Le matin du 8 septembre 1855, les troupes françaises, réunies sur le front de bandière, devant Sébastopol, étaient solennellement informées, par un ordre du jour du général Bosquet, que l'assaut général de Sébastopol serait donné dans la journée, et que la ligne de défense de Malakoff serait l'objectif du 2e corps d'armée, tandis que l'armée anglaise et le 1er corps attaqueraient le grand Redan et le bastion central.

La tour de Malakoff constituait la véritable clef de Sébastopol. De sa prise ou de son échec dépendait l'issue de la journée.

C'était une sorte de citadelle de trois cent cinquante mètres de longueur sur cent cinquante de largeur, couronnant les pentes d'un mamelon pouvant fournir plusieurs étages de feu et contenir des régiments entiers.

Les reconnaissances faites à l'aide de longues-vues avaient montré le terre-plein de l'ouvrage littéralement couvert de fortes traverses, que l'on allait avoir à prendre une par une dès qu'on serait maître d'un des points de l'enceinte.

A onze heures quarante, le feu de nos huit cents pièces redouble d'intensité, et soudain, dominant le bruit formidable du canon, la sonnerie de la charge retentit, stridente, saccadée. Les officiers crient : « En avant ! » et la première division (général Mac-Mahon), poussant d'éclatantes clameurs, s'élance sur le bastion comme un ouragan de fer et de feu. L'ennemi est surpris ; les fossés, que le bombardement a comblés, ne peuvent plus arrêter les hommes, qui en quelques bonds envahissent les crêtes.

Le 20e de ligne (brigade Vinoy, de la division Mac-Mahon), ayant à sa tête ses officiers supérieurs, le colonel Oriane, le lieutenant-colonel Mermet et le commandant Baudoin, le 20e de ligne a suivi la route qui lui avait été tracée.

A midi un quart, le sous-lieutenant Dehaye arbore le drapeau sur la partie du rempart faisant face au petit Redan.

Mais les Russes, favorisés par les nombreuses traverses du terre-plein, reviennent de leur premier émoi et cherchent à foncer en masse sur leurs adversaires.

Le drapeau de Dehaye, ralliant autour de lui tout le régiment, prend une seconde position plus avancée, du même côté de l'ouvrage, et il reste là jusque vers une heure. A ce moment, on le voit flotter sur une deuxième traverse, où une certaine hésitation semblait s'être produite.

Et alors, au cours d'une lutte acharnée, où chaque talus, chaque accident de ce sol piétiné, ravagé d'obus, imbibé de sang, est disputé pas à pas, le drapeau s'avance lentement, mais sans recul, de traverse en traverse, jusqu'au parapet de la gorge, en face de la ville.

C'est là que Dehaye le plante pour une bonne fois, et, s'il est le point de ralliement de tous les braves du 20e de ligne, il est aussi le point de mire des Russes. L'aigle a les ailes déchirées par deux balles, et sa soie a été mise en lambeaux par la mitraille et par les balles ; et pourtant il semble une barrière que tous les efforts des Russes sont impuissants à franchir ou à arracher.

Le drapeau du 20e de ligne n'en reste pas moins à ce poste d'honneur jusqu'à six heures du soir, heure à laquelle il pénètre à l'intérieur de la redoute, le 20e laissant la place à un régiment de la brigade Wimpfen.

Le sous-lieutenant Dehaye a donc, durant toute cette journée mouvementée, porté le drapeau de son régiment. Sa conduite a été à la fois audacieuse et pleine de sang-froid.

« Sur trois sergents d'élite, écrit le capitaine de Fonclare, désignés comme sous-porte-aigle, un a été tué, Rispol ; les deux autres blessés, Raudin et Guillot. Sur deux caporaux d'élite flanquant le drapeau, un a été blessé ; sur onze sapeurs de garde, quatre ont été blessés, dont un amputé du bras, Giroud. Les sergents-majors chargés de porter les fanions tricolores des bataillons ont également rivalisé d'intrépidité et d'audace. En arborant les couleurs nationales aux points les plus périlleux, deux ont été blessés et ont dû être remplacés par d'autres qui se sont montrés aussi courageux : Morgand, Deniau et Bouchez sont des noms à retenir. »

Dans cette journée, le 20e de ligne perdit six capitaines, un lieutenant, un sous-lieutenant, cinq sergents-majors d'élite et quarante-six soldats. Dix-neuf officiers furent blessés, et sur mille soixante-dix hommes qui étaient montés à l'assaut, quatre cent soixante-cinq manquèrent à l'appel le lendemain.

Les généraux de Mac-Mahon et Vinoy félicitèrent leurs troupes dans de chaleureux ordres du jour, et quelque temps après des récompenses méritées étaient accordées au brave 20e.

Parmi elles, il faut mentionner la croix de la Légion d'honneur décernée au valeureux porte-drapeau, le sous-lieutenant Dehaye. Et lorsque les troupes françaises, revenant de Crimée, rentrèrent dans Paris, le 20e de ligne était en tête de la 1re division, et son drapeau, qui ouvrait la marche, attirait tous les regards, soulevait les applaudissements : l'aigle portait les traces d'un biscaïen et de deux balles.

Voici maintenant un autre épisode du 8 septembre 1855 qui fut reproduit dans deux tableaux exposés au Salon de 1863, et dont nous empruntons la légende telle qu'elle nous a été transmise par M. Désiré Lacroix, ce consciencieux écrivain dont l'ouvrage nous a si souvent servi de guide au cours de nos recherches :

Le jour de la prise de Sébastopol, le 91e de ligne (division Bourbaki) s'installe carrément sur la courtine et renouvelle trois fois ses munitions. Il reste à son poste avec un courage et une constance inébranlables. Au-dessus de lui flotte le drapeau, dont la hampe a été piquée juste au-dessus d'une poudrière. Tout à coup retentit une explosion formidable, saluée par les hourras enthousiastes des Russes : la poudrière vient de sauter; le parapet est renversé dans le fossé, des milliers de débris obscurcissent l'air et écrasent dans leur chute tout ce qu'ils rencontrent. Le drapeau reste enseveli dans le gouffre qu'a creusé l'explosion : neuf officiers qui l'entouraient disparaissent sous cette avalanche; un grand nombre de soldats sont tués ou écrasés. La poignée des braves survivants de l'attaque du 18 juin a presque été décimée. Ceux qui restent travaillent, sous la fusillade la plus vive, à retirer de dessous les décombres leurs camarades engloutis, et plus d'un tombe encore, victime de son dévouement.

L'obscurité arrive enfin, et les héroïques soldats passent la nuit au milieu des explosions de toutes sortes qui éclatent au pied de la tour de Malakoff.

Le lendemain, dès le lever du jour, ces hommes, quoique brisés de fatigue, creusent le sol pour retrouver le drapeau. L'aigle reparaît enfin, entourée de cadavres mutilés. Depuis seize heures qu'il était couché dans son glorieux tombeau, le drapeau du 91e n'est plus qu'un lambeau de terre et de sang. Le porte-drapeau Ganichon le serrait encore convulsivement de ses mains raidies par la mort.

Déjà, au cours de l'attaque de Sébastopol, le 18 juin, le drapeau du 91e faillit être perdu dans des conditions à peu près semblables.

Enseveli sous les décombres des magasins à poudre de la batterie russe de la Poterne, la hampe brisée par un obus qui avait en même temps tué sept hommes, le drapeau put être rapporté au colonel Picard, qui, malgré ses blessures, n'avait pas voulu quitter la tranchée sans avoir revu l'enseigne de son régiment.

« Ayez bon courage, dit le colonel aux rares survivants du 91e ; je sais bien que tant qu'il restera une goutte de sang dans les veines du 91e de ligne, tant qu'il restera un morceau de son glorieux drapeau, il pourra le présenter avec orgueil et assurance. »

Rien qu'à cette affaire, antérieure de trois mois environ à celle qui précède, le régiment du colonel Picard eut deux cent vingt hommes de troupes et treize officiers tués, onze cent cinquante-quatre soldats et vingt-deux officiers blessés, deux cent soixante-treize hommes et sept officiers faits prisonniers. Il fallut d'autres sacrifices pour que le drapeau fût définitivement sauvé.

Cependant, si l'issue de cette journée du 8 septembre fut heureuse pour nous, l'armée française n'en fut pas moins obligée de renforcer la droite de la position anglaise, devenue l'objectif de l'adversaire, et l'efficacité de ce concours, nos troupes la payèrent chèrement. L'artillerie russe avait l'avantage sur celle dont nous disposions d'être plus nombreuse et mieux postée. Il fallut trois assauts furieux à la baïonnette pour obliger l'adversaire à reculer, et, dans cette lutte, le 3e zouaves et le 6e de ligne rivalisèrent de courage et d'entrain.

Au plus fort de la lutte, le porte-drapeau de ce dernier régiment fut tué, et son trophée, ramassé par un chasseur d'Okhotsk, allait disparaître, lorsque le colonel Filliol de Camas, s'en étant aperçu, agita son épée en l'air en s'écriant :

« Mes enfants, au drapeau ! »

Au même instant un coup de feu en pleine poitrine arrête le brave officier dans sa marche. Le lieutenant-colonel Goze et un de ses chefs de bataillon sont frappés à leur tour au moment où ils viennent d'atteindre le drapeau. Par bonheur, un lieutenant peut en saisir la hampe et rapporter l'emblème au milieu du régiment, qui le reçoit avec des cris de triomphe.

Pendant ce temps, le colonel de Camas, la poitrine traversée de part en part, se sent mortellement atteint ; il prie le sergent Ricci de lui prêter son appui et de lui faire regagner le camp, et cette marche lente, marquée par de fréquents arrêts, n'est pour la glorieuse victime qu'un long et douloureux calvaire. Il ne peut d'ailleurs aller jusqu'au bout. Son extrême faiblesse l'oblige bientôt de s'asseoir, et après avoir fait encore trente mètres, soutenu par Ricci et un soldat du 7e léger, le colonel de Camas ne songe plus qu'à mourir.

Mort du commandant Cornulier de Lucinière à l'attaque du petit Redan.

« Retournez auprès de vos camarades, dit-il à ses deux aides. On a besoin de vous, là-bas ; moi, je vais mourir. »

Mais le sergent Ricci se refuse à abandonner son chef. Il insiste pour rester encore auprès de lui, jusqu'au moment où il sera possible de le transporter à l'ambulance.

De Camas ne veut rien entendre.

« C'est le dernier ordre que te donne ton colonel; exécute-le. »

Et, détachant sa croix de la Légion d'honneur, il la tend à Ricci, en le priant de la remettre au lieutenant-colonel Goze. Puis il joint à ce vœu suprême quelques recommandations pour sa mère, sa femme, son frère, en disant, comme une sorte de conclusion à son examen de conscience :

« Si tu rencontres quelqu'un qui ait eu à se plaindre de moi, dis-lui bien que je lui en demande pardon. »

A ces mots, le colonel de Camas ferme les yeux, sa figure pâlie devient immobile, son corps ne bouge plus. Sous l'influence des soins admirables du sous-officier, la vie revient un peu; mais cette fois le regard est convulsé, le moribond élève les bras en l'air, tend les mains comme pour saisir quelque chose et rend le dernier soupir en murmurant :

« Mon épée,... le drapeau !... »

Et Ricci est là, les larmes aux yeux, devant son chef mort qu'il voudrait ramener à son régiment. Mais les Russes regagnent du terrain, les Français sont refoulés; le malheureux sous-officier est obligé d'abandonner le cadavre du colonel.

On n'en finirait pas, s'il fallait raconter par le menu tous les incidents glorieux du siège et de la prise de Sébastopol. La campagne de Crimée tout entière ne fut, du reste, qu'une succession ininterrompue d'actes de courage, accomplis contre un adversaire qui les rendait d'autant plus méritoires, qu'il se battait lui-même avec une vaillance, une bravoure à laquelle les Français ont été les premiers à rendre hommage.

Terminons par ce dernier trait qui, si cela était nécessaire, justifierait admirablement ce que nous venons de dire.

Il s'agit encore de l'assaut de Sébastopol. Le commandant Cornulier de Lucinière, des chasseurs de la garde, escorté d'un groupe peu nombreux d'officiers et de soldats, parvient à prendre position sur le petit Redan. La faible troupe devient aussitôt le point de mire de l'ennemi, et celui-ci dirige sur elle un feu tellement nourri, qu'elle s'arrête un instant, hésitante.

Mais le commandant de Lucinière veut rester à tout prix et prendre définitivement possession de l'important ouvrage. Il prend la ceinture bleue du caporal Joubert, un mouchoir blanc du lieutenant Lagranie, un morceau de foulard rouge, et attache ce drapeau improvisé à la grenadière d'une carabine qu'il plante aussitôt dans le sol. Un instant après, attiré par ce signe, arrive l'aigle des chasseurs avec le gros du bataillon. Malheureusement, presque au même moment, le commandant de Lucinière paye de sa vie son acte de bravoure : il tombe mort auprès de son drapeau improvisé. Carabine et drapeau ont toujours été pieusement conservés par les commandants qui se sont succédé aux chasseurs de la garde.

A Solférino, le 24 juin 1859, nous retrouvons le 91e de ligne.

Ses trois bataillons, sous le commandement du colonel Abatucci, avaient été formés en colonne par pelotons. Son objectif était la tour de Solférino.

Arrivé à une demi-portée de fusil, le régiment, vigoureusement enlevé par ses officiers, s'élance sur les Autrichiens.

M. de Guiseuil tombe grièvement blessé,
tandis que la mitraille brise la hampe du drapeau.

Le 1er bataillon, parvenu jusqu'au pied d'une batterie, refoulé une première fois par une bordée de mitraille, revient à la charge et occupe définitivement le mamelon qui était son objectif, après avoir permis, par sa résistance, aux voltigeurs de la garde d'y arriver.

Le 2e bataillon, lui, marchait au centre, avec le drapeau et ayant aussi repoussé l'ennemi; le sous-lieutenant de Guiseuil avait planté l'aigle du régiment sur le plateau qui venait d'être enlevé.

Mais, à ce moment, de puissantes réserves ennemies tentent un retour offensif. M. de Guiseuil tombe grièvement blessé, tandis que la mitraille brise la hampe du drapeau et abat l'aigle. Un de ses camarades, le sous-lieutenant Tollet, se précipite, s'empare du drapeau ; mais à peine ce nouveau défenseur le tient-il dans ses mains, qu'il est frappé à mort. Le sergent Bourraqui, malgré le danger qui le menace, ne songe qu'à celui que court le drapeau : il l'arrache des mains du mourant et suspend l'aigle par la cravate à son bras gauche; il est blessé à son tour. Une lutte corps à corps s'engage autour du trophée; le commandant de Pongibaud, appuyé par l'arrivée de la garde, rassemble les débris de son bataillon ; il est tué au moment où, grâce à l'énergie des officiers et des soldats, et notamment des sergents Orsal, Aiguier et Foubert, le drapeau du 91e était définitivement sauvé.

Les trois sergents furent décorés. Foubert, qui était un ancien enfant de troupe, devait se distinguer plus tard à l'affaire de Montretout, le 10 janvier 1871, et mériter ainsi la croix d'officier de la Légion d'honneur. Il était alors capitaine du génie auxiliaire.

CAMPAGNE DE 1870-71 — LE DRAPEAU DU 36e DE LIGNE — LES SOUS-LIEUTENANTS BEAUMELLE, PICHET ET LACOMBE — LES PORTE-DRAPEAU TUÉS OU BLESSÉS PENDANT LA GUERRE — VILLERSEXEL ET BUZENVAL — LES DRAPEAUX BRULÉS ET LACÉRÉS — UNE ALLOCUTION — CHARGES DE CAVALERIE

De tous les sanglants et héroïques épisodes de la guerre franco-allemande, un des plus émouvants est certainement celui qui a trait à la défense du drapeau du 36e de ligne, le 6 août 1870, jour de la bataille de Frœschwiller. Nous la raconterons ici d'après le récit très complet qu'en a fait M. Louis Yvert dans les *Récits de guerre*.

Parmi les groupes épars qui, vers les cinq heures du soir, luttaient encore énergiquement contre un ennemi trois fois supérieur, se trouvaient une trentaine de soldats du 36e de ligne se défendant avec désespoir contre une forte troupe bavaroise.

Cette poignée de fantassins français résistait avec d'autant plus d'opiniâtreté, que, rangés autour du drapeau de leur régiment, ils avaient juré qu'ils le disputeraient jusqu'à la mort à leurs ennemis. Et cette lente retraite, cette marche à reculons, pour ainsi dire, puisqu'il fallait toujours faire face à l'adversaire pour éviter une surprise, cette marche à peine éclairée par la lueur des coups de feu avait quelque chose de sublime.

Mais voilà qu'au moment où peu à peu le groupe commençait à se dégager de l'étreinte menaçante des Bavarois, le porte-drapeau, le sous-lieutenant Beaumelle, tombe blessé, entraînant dans sa chute l'emblème de son régiment. Alors, oubliant sa souffrance, par un effort désespéré, Beaumelle se soulève, passe l'aigle à son camarade Lacombe qui est à ses côtés.

« Sauve-le! » lui dit-il, et il retombe, sanglant, sur le sol.

Cependant l'ennemi n'est pas sans s'apercevoir que la petite troupe vient de marquer dans sa marche un peu d'hésitation, et, profitant aussitôt de ce temps d'arrêt, les Bavarois précipitent l'allure et cherchent à s'emparer du précieux trophée. L'instant est critique. Les quelques sapeurs qui forment la garde suprême du drapeau se défendent à coups de baïonnettes, à coups de crosses; saisissant leurs fusils par le canon fumant et chaud, ils se dégagent par des moulinets. Malheureusement ils ont contre eux le nombre, et la lutte est tellement inégale, qu'il va falloir succomber sous le nombre. Soudain un cri retentit, cri de suprême espérance demandant un suprême effort :

« Camarades, au drapeau ! »

L'appel est entendu. Le capitaine Chevillard, les lieutenants Brambille, Pastoureau, les sous-lieutenants Charcot, Lacombe et Pihet rassemblent à la hâte ce qui reste du 36e. Ils l'entraînent en avant, se jettent avec lui sur les Bavarois, les dispersent et dégagent le drapeau. L'espoir de le sauver renaît enfin.

Et pourtant, à peine la vaillante phalange s'est-elle engagée dans la grande rue de Frœschwiller, que le lieutenant Brambille, qui marche en tête de la colonne, s'écrie :

« L'ennemi, voilà l'ennemi! »

Ce sont encore ces maudits Bavarois qui viennent d'entrer dans le village, y faisant irruption de tous les côtés à la fois. Aussitôt, une grêle de balles pleut sur le 36e et le réduit à rien. Le lieutenant Brambille est grièvement blessé, et pour la seconde fois il ne reste plus autour du drapeau que quelques hommes : les sous-lieutenants Pihet et Lacombe, deux sapeurs et une dizaine de soldats.

Il n'y a pas de temps à perdre; il faut à tout prix échapper à la poursuite de l'adversaire, et cette poignée de braves entre dans une grange qu'elle trouve ouverte sur son passage, s'y barricade solidement et se met en devoir de sauver à tout jamais d'une prise le trophée du 36e. Le brûler serait le procédé le plus sûr; mais les moyens manquent. Alors le sous-lieutenant Pihet arrache les franges et la soie de la hampe et les cache soigneusement sous un amas de fagots. De son côté, un soldat brise le bâton en morceaux; il va en détacher l'aigle, lorsque tout à coup la porte de la grange, sous l'effort réitéré de l'ennemi, vole en éclats, et les Bavarois, guidés par plusieurs officiers, envahissent ce dernier abri. L'un de ces chefs arrache même l'aigle des mains du soldat qui la tient encore, sans qu'un seul camarade puisse lui porter secours. Les derniers survivants sont faits prisonniers.

Toutefois, les Allemands ne peuvent découvrir la soie et les franges du drapeau, habilement dissimulées sous les fagots, et c'est absolument par hasard que, quelques jours après, un curé des environs les trouva dans leur cachette, pendant qu'il s'occupait de rendre les derniers devoirs aux cadavres encore disséminés sous les décombres de Frœschwiller.

Justement, l'ecclésiastique avait donné asile à un lieutenant de turcos blessé. Il s'empressa de remettre à cet officier la précieuse relique que le hasard lui avait fait découvrir.

Le lieutenant l'emporta avec lui en captivité, et, de retour en France, il la remit au colonel Krien, qui, laissé pour mort à Frœschwiller, tant ses blessures étaient graves, avait pu cependant reprendre, après la guerre, le commandement de son régiment.

La restitution au 36e des restes de son drapeau donna lieu à une émouvante cérémonie. Les lambeaux de soie et d'or, encore souillés de poudre et de sang, furent présentés au régiment dans une solennelle revue passée par le colonel. Les troupes rendirent les honneurs et défilèrent, tristes mais fières,

« devant cette loque glorieuse, dont les nombreuses déchirures et les couleurs méconnaissables attestaient éloquemment la bravoure et le dévouement de l'ancien et valeureux 36e [1]. »

Nous avons dit, en parlant, dans un chapitre précédent, des deux drapeaux pris aux Prussiens pendant la guerre de 1870-71, que nos ennemis n'avaient eu, en fait de drapeaux français, que ceux livrés sans coup férir, par la capitulation de Sedan, dans l'arsenal de Metz.

Jamais dans aucun combat, au cours de cette succession douloureuse de revers, nos adversaires ne parvinrent à nous arracher le moindre fanion tricolore; et l'on est ainsi amené à songer de quels héroïques efforts furent capables les modestes officiers qui eurent l'insigne honneur de tenir, au milieu de la mitraille, l'emblème de la patrie.

Combien d'entre eux le payèrent de leur vie, cet honneur!

Récemment, paraissait en Allemagne, par les soins du ministre de la guerre et sur l'ordre de l'empereur, une histoire des drapeaux de l'armée prussienne depuis 1807. Les documents relatifs à la campagne de France (1870-71) constatent que le nombre des drapeaux prussiens déchirés par les projectiles de l'ennemi a été de cent cinquante et un. Dans la seule bataille de Mars-la-Tour (Rezonville), le drapeau du 7e régiment d'infanterie a reçu vingt-trois balles. Pendant toute la durée de la guerre, trente-huit porte-étendards ont été tués le drapeau à la main.

Frappé de cette statistique, l'écrivain militaire, M. Louis

[1] Louis Yvert, *Récits de guerre*.
Il résulte de ce récit que, contrairement à ce qu'ont prétendu les Allemands qui firent irruption dans la grange, à Frœschwiller, le drapeau du 36e ne fut pas pris par eux. Du reste, les plus minutieuses recherches ont permis de s'assurer que cet emblème ne figure ni à l'arsenal de Berlin, ni dans un autre arsenal ou musée de cette capitale ou d'ailleurs.

Yvert, a eu la très heureuse idée de faire des recherches analogues sur les porte-drapeau de l'armée française pendant la guerre franco-allemande.

Son remarquable travail, très précis, très complet, est, par l'éloquence seule des chiffres, un véritable enseignement, qui vient à l'appui de ce que nous disons plus haut sur l'héroïsme de ces braves officiers.

Ainsi, d'après M. Yvert, qui a bien voulu nous fournir lui-même ces renseignements, sur cent huit drapeaux ayant vu le feu aux combats de Wissembourg, Frœschwiller, Beaumont, Mouzon et Sedan d'une part, de Forbach, Borny, Rezonville, Saint-Privat, Servigny et Ladonchamps de l'autre, *quarante-deux* porte-drapeau titulaires ont été tués ou blessés, et *neuf* autres officiers, en remplacement des premiers, ont été mis hors de combat. Ce qui fait un total de cinquante et un officiers frappés à ce poste d'honneur, soit une moyenne de 47,2 pour cent.

A Frœschwiller notamment, outre le sous-lieutenant Beaumelle, dont nous parlons dans le récit précédent, et qui fut grièvement blessé, Grandbastien du 48e, Henriet du 96e furent tués; Bonade, sous-lieutenant au même régiment, Aimo, du 99e, Toucas du 2e tirailleurs algériens, furent blessés.

On sait déjà quels dangers courut le drapeau du 36e de ligne; celui du 99e, décoré au Mexique en 1862, fut également très menacé. Après la blessure du sous-lieutenant Aimo, le tambour-major du régiment, un colosse nommé Georges, s'empare de l'aigle; mais un obus de plein fouet coupe en deux le malheureux sous-officier. Immédiatement le drapeau est ramassé par un autre sous-officier, lequel, blessé à son tour, le remet à un camarade assez heureux cette fois pour conserver intact le précieux dépôt.

Au 96e, l'aigle du régiment marchait, avec le 2e bataillon,

L'aigle du 3e grenadiers à Rezonville.

dans le mouvement de retraite de ce régiment vers Elsasshausen. Dans la mêlée, le sous-lieutenant porte-drapeau Henriet est tué, et un groupe nombreux d'Allemands se précipite pour enlever l'étendard; mais quelques courageux soldats contiennent l'ennemi, pendant que le capitaine adjudant-major Obry recueille l'aigle. Quelques secondes plus tard une balle abat la monture de cet officier, et tous deux roulent ensemble dans la poussière :

« Sauvez le drapeau! » s'écrie le brave capitaine.

A sa voix, plusieurs militaires accourent, et parmi les plus intrépides, les plus dévoués : les sergents Faure, Pic, Mespoulède et le soldat Ballougrand; la lutte reprend autour de l'étendard, plus vive, plus acharnée que jamais. Enfin le capitaine Obry, qui est parvenu à se dégager de dessous son cheval et qui n'a pas lâché le drapeau, saute vivement sur un mulet qui se trouve à sa portée et maintient l'aigle haut et ferme, pendant que les défenseurs formant cercle autour de lui repoussent l'assaillant à coups de crosses et de baïonnettes et protègent la retraite de leur drapeau. Quelques jours après, les sergents Faure, Pic et Mespoulède, ainsi que le soldat Ballougrand, étaient décorés de la médaille militaire pour leur belle conduite.

A la bataille de Beaumont, le 30 août, les sous-lieutenants porte-drapeau Sibien, du 11e de ligne, et Becque, du 68e, sont grièvement blessés. Le même jour, à Mouzon, le porte-aigle Caussade, du 58e, est mortellement frappé d'une balle en pleine poitrine.

Plus loin, à Warniforêt, au cours d'un très vif engagement entre les régiments de la division Conseil-Dumesnil (corps de Douay) et l'avant-garde du 1er corps bavarois, les sous-lieutenants Varinot et Sondorff, du 3e de ligne, sont grièvement blessés en portant le drapeau de leur régiment. L'aigle passe ensuite aux mains du sergent Perrin, blessé aussi, puis dans celles du sergent Garnier, qui fut médaillé pour la bravoure et le sang-froid dont il fit preuve au cours de ce sanglant épisode.

Le 1er septembre, à Sedan, le porte-drapeau Bellengier, du 2e zouaves, est blessé; au 30e de ligne, le sous-lieutenant Blanc, qui porte l'aigle de ce régiment, est frappé mortellement. Quelque temps après le lieutenant Thévenin, qui a pris l'étendard, tombe foudroyé par une balle, et à ses côtés sont successivement atteints le caporal-sapeur Villotte et les sapeurs Meyer, Ravez, Delattre et Goldschmidt. Enfin le sergent Muzelli relève le noble emblème et, quoique blessé, le conserve jusqu'au moment de la retraite sur Sedan.

Le sous-lieutenant Mouchin, du 53e, est broyé par un obus, qui en même temps coupe en deux tronçons la hampe du drapeau. Vers la fin de cette rude journée, alors que le 45e de ligne, qui a tenu un des derniers, est obligé d'abandonner le plateau de Givonne, un groupe, composé de plusieurs officiers et de deux cent cinquante hommes du régiment, cherche à s'orienter du côté de Mézières. Au milieu du groupe est le drapeau, porté par le caporal-sapeur Gyneis.

Découverte par l'ennemi, la petite troupe est chargée par un régiment de dragons allemands, et, après une courageuse résistance, elle est obligée de se disperser. Les uns passent en Belgique, où ils restent prisonniers; les autres, plus heureux, franchissent les lignes ennemies et atteignent Mézières. Pendant la charge, Gyneis, avec quelques camarades, s'est trouvé séparé de la colonne; fort heureusement il parvient à rallier un petit groupe de soldats de différents corps, commandé par un lieutenant d'infanterie de marine, qui se dirige vers la frontière belge. Mais, au moment de la franchir, Gyneis hésite; il songe que le lieutenant-colonel Germain, qui commande le 45e, va croire que son drapeau a été pris par l'ennemi.

Hélas! rejoindre son régiment, il n'y faut pas songer; les cavaliers allemands battent l'estrade à quelques centaines de mètres et dans tous les sens.

Alors, sur les conseils du chef de détachement, Gyneis déchire la soie du drapeau, s'en fait une ceinture, cache sur sa poitrine l'aigle et la cravate tricolore, puis il coupe la hampe en deux morceaux, en garde un pour lui et donne l'autre à un camarade, et il pénètre ainsi en Belgique.

Rentré de captivité, Gyneis remit lui-même au nouveau commandant du 45e, le colonel d'Arguesse, le dépôt qu'il avait religieusement conservé, et le régiment tout entier rendit de solennels honneurs à l'ancien drapeau de Magenta et de Solférino. Quant à Gyneis, il reçut, en 1875, la croix de la Légion d'honneur.

Tels sont, succinctement rapportés, les divers épisodes relatifs aux porte-drapeau de l'armée du Rhin et de celle de Châlons.

Voyons maintenant ceux de l'armée de Metz; car, en cette énumération, il n'est question que des régiments de première ligne, c'est-à-dire de ceux qui possédaient des aigles réglementaires. Revenons donc aux batailles sous Metz.

Le 6 août, à la bataille de Forbach, le sous-lieutenant Alric, du 32e de ligne, est blessé en portant le drapeau du régiment; le porte-aigle Luiset, du 76e, est tué à la défense de la Brême-d'Or.

Le 14, à Borny, c'est le porte-drapeau Grosjean, du 19e, qui est tué; Laurent du 64e, Clanet du 59e, et Breton du 90e, sont blessés, ce dernier très grièvement.

A Rezonville, le 16, les épisodes concernant les drapeaux sont nombreux. Citons d'abord celui qui est relatif à l'aigle du 93e de ligne.

Au moment de la charge de la brigade de Bredow, le 93e de ligne se trouvait en soutien des batteries d'artillerie menacées par la cavalerie allemande. L'irruption des cuirassiers de Magdebourg et des uhlans d'Altmark au milieu de nos pièces et de nos lignes d'infanterie fut si soudaine, si brusque, que le désordre et le désarroi furent un moment à leur comble parmi les nôtres. Le sous-lieutenant Labbrevoit, qui portait l'aigle du 93e, bousculé, renversé par un flot de cavaliers, tombe sur le sol à demi évanoui. Quand il revient à lui, il s'aperçoit avec désespoir que le drapeau lui a été enlevé. En effet, arraché de ses mains par un cuirassier blanc, cet étendard aurait pu devenir la proie de l'ennemi; mais le cavalier allemand, sans doute tué dans le violent engagement de la brigade de Bredow avec nos régiments des divisions de Forton et de Valabrègue, a laissé échapper son glorieux trophée, et c'est le chasseur Mangin, du 5e régiment, qui le découvre sous un tas de cadavres et le rapporte triomphalement à son colonel, M. Gombaud de Séréville, qui le fait immédiatement remettre au général Bourbaki. Le lendemain matin, cette aigle était rendue au régiment.

Et parlons aussi de cette héroïque défense du drapeau du 3e grenadiers, au cours de laquelle quatre officiers furent successivement tués ou blessés.

Vers les trois heures de l'après-midi, ce régiment, sous les ordres de son colonel, M. Cousin, est placé à l'extrémité sud du plateau de Rezonville et résiste courageusement aux masses allemandes qui, de plus en plus compactes, essayent, par le ravin de Gorze, de déborder notre gauche. A côté du colonel flotte le drapeau, que déchire la mitraille ennemie.

Celui qui le porte est le sous-lieutenant Marcel, bientôt grièvement blessé. En tombant, le malheureux officier remet le drapeau à celui qui est le plus rapproché de lui, le capitaine Geoffroy, commandant la 4e compagnie du 1er bataillon. Mais à peine cet officier a-t-il saisi l'étendard, qu'il reçoit à son tour, et pour ainsi dire coup sur coup, trois blessures qui le renversent. Le lieutenant Coussirat se précipite alors sur le drapeau, et, en se relevant, tombe, lui aussi, frappé d'une balle en plein front.

Le colonel Cousin s'empare à son tour de l'aigle et se porte à cheval au milieu du régiment, agitant fièrement le drapeau et criant à pleine voix :

« En avant! mes enfants, toujours en avant! »

A ce moment, l'ennemi fait une décharge générale qui crible cet infortuné officier supérieur d'une vingtaine de balles; il meurt après quelques minutes de souffrances, en tenant le drapeau contre sa poitrine ensanglantée.

Alors le capitaine Morand, le plus vieux grenadier du régiment, ressaisit l'étendard et le maintient vaillamment au-dessus de la mitraille. Il ne reste plus alors auprès du drapeau qu'une poignée d'hommes impuissante à résister au flot toujours croissant des bataillons ennemis. Un feu épais et rapide éclate contre cette faible troupe, où se creusent sans cesse des vides sanglants. Elle va disparaître sous les rangs serrés des Allemands et avec elle le glorieux emblème de Crimée et d'Italie, lorsque tout à coup retentit bruyante et claire au milieu des coups de feu une sonnerie française : c'est le 3e bataillon du 51e, conduit par le lieutenant-colonel Bréard, qui arrive au pas de course, baïonnette au canon. Devant cette attaque inattendue, les Prussiens lâchent pied, et l'aigle du 3e grenadiers est sauvée.

Dans la soirée du même jour, le drapeau du 91e, déjà si menacé à Sébastopol et à Solférino, courut un nouveau danger.

A la faveur de l'obscurité naissante, l'aigle de ce régiment est attaquée par un groupe de hussards poméraniens; mais le porte-aigle, le sous-lieutenont Vial, avec un superbe sang-froid, abat d'un coup de revolver un cavalier allemand qui a saisi la hampe de son drapeau, pendant que le sergent Grenier et le caporal sapeur Lebrun, déployant la même énergie, tuent également plusieurs hussards allemands et sauvent l'aigle compromise.

Le sous-lieutenant Vial fut vivement félicité le soir même par le général Levassor-Sorval, sous les ordres duquel combattait le 91e; malheureusement cet énergique et vaillant officier devait trouver la mort le surlendemain à Saint-Privat.

Parmi les officiers porte-drapeau plus ou moins sérieusement atteints à la bataille de Rezonville, il faut citer : MM. Beck du 4e de ligne, blessé; Gambini du 25e, tué; Pradelle du 27e, blessé; Averons du 67e, blessé; Mazoyer du 75e, blessé; Labbrevoit du 93e, contusionné; Miotte du 97e, tué; Primat du 2e grenadiers, blessé, et Marcel du 3e, blessé grièvement.

Le 18 août, à Saint-Privat, l'hécatombe de ces braves officiers fut plus cruelle encore; dix d'entre eux payèrent de leur sang l'honneur de déployer devant l'ennemi les couleurs de la France. Furent tués ou mortellement blessés : MM. Cotillard du 70e de ligne, et Vial du 91e; furent blessés plus ou moins grièvement : MM. Marie du 9e de ligne, Guichard du 10e, Lenthonnet du 13e, Sengler du 28e, Choux du 43e, Séguin du 44e, Salinié du 65e et Kressy du 80e.

Le port de l'aigle du 28e coûta, outre le porte-aigle titulaire blessé, la vie à deux autres officiers du régiment : MM. Voyé et Bouchy, sous-lieutenants.

Enfin à Ladonchamps, dernière et inutile lutte de la malheureuse armée de Metz, M. Perrot, porte-aigle du 1er voltigeurs de la garde, était blessé.

Là s'arrête la première période de cette guerre meurtrière, si bien remplie de glorieux dévouements que chacun d'eux en marque les sanglantes étapes. Tous les corps de troupe de première ligne y prirent part, à l'exception de six régiments d'infanterie et huit de cavalerie.

Au reste, dans la deuxième période, la plupart des régiments, composés en majeure partie de troupes de seconde ligne, de compagnies de marche, n'avaient pas de drapeaux *officiels*. C'étaient surtout des fanions tricolores qui conduisaient nos malheureux soldats au feu; et, dans ces conditions, la statistique serait bien difficile, sinon impossible, à établir.

Et pourtant, que de luttes héroïques, que de sanglants combats nous relevons encore au cours de ce rigoureux hiver de 1870-71! Quelle impression poignante on éprouve au récit de cette bataille de Villersexel, où, le 9 janvier 1871, Bourbaki vint à bout des forces supérieures du général de Werder!

Mal vêtus, ayant à peine mangé le matin, nos braves soldats, guidés par Bourbaki lui-même, arrachèrent pied à pied toutes les positions de l'ennemi. La neige, qui partout recouvrait le sol, rendait la température supportable et était un adoucissement relatif aux souffrances des troupes; elle doublait leur entrain. Et le soir, l'ennemi, chassé de toutes ses positions, se repliait en désordre dans la direction de Montbéliard; l'armée de Bourbaki couchait sur ses positions conquises.

C'était donc une victoire, mais encore une victoire inutile!

Inutile aussi, hélas! cette dernière sortie sous Paris, dans la nuit du 18 au 19 janvier, avec Versailles pour objectif.

D'inexplicables retards dans l'exécution d'une opération décidée pourtant bien assez à l'avance, rendirent vain l'élan des troupes de Vinoy et de Ducrot et leur succès dans la matinée.

La colonne Bellemare, de la division Ducrot, avait à s'emparer de Buzenval. Mais les routes étaient tellement encombrées, détrempées par les pluies, que la confusion parmi nos soldats s'ensuivit, rendant en partie inefficaces les efforts des uns et des autres. D'ailleurs, après une nuit sans sommeil, les hommes étaient épuisés par une lutte qui durait depuis plusieurs heures. Aussi, bien que le parc de la Malmaison seul nous ait été enlevé, nos généraux sentirent que l'opération qu'ils avaient conçue n'avait pas réussi. Malgré les succès partiels de la matinée, nous n'avions fait aucun progrès, et nous n'avions même pas pu entamer la deuxième ligne de défense de l'ennemi... Ce fut la retraite.

Nous avions quatre mille soixante-dix hommes hors de combat, parmi lesquels Henri Regnault, ce jeune peintre plein d'avenir, l'immortel auteur de la *Salomé*, le fils du chimiste de l'Institut. Il était volontaire au 16e régiment de Paris. La retraite était déjà sonnée, lorsque, voulant décharger son fusil, il se retourna vers l'ennemi et fut atteint par une balle, la dernière peut-être qui fut tirée dans cette douloureuse journée.

C'est encore à Buzenval que tomba un jeune savant, Gustave Lambert, qui avait, pour défendre son pays, interrompu les préparatifs d'une expédition au pôle Nord; et aussi le vieux marquis de Coriolis, volontaire à soixante-sept ans.

Ces trois victimes du dévouement à la patrie avaient leur place marquée dans cet ouvrage. Eux aussi sont morts pour leur drapeau.

Malheureusement la capitulation de Metz devait rendre ou avait déjà rendu inutiles tant de généreux sacrifices, et la plupart des drapeaux qui en avaient été le prétexte furent emmenés en Allemagne dans les fourgons de l'ennemi.

Cependant, dès que se répandit la nouvelle de la capitulation et qu'on connut la clause relative aux drapeaux, une poignante émotion s'empara de toutes les troupes, et une pensée vint, unanime, que tous pourtant ne purent réaliser : il faut détruire ces emblèmes.

Notons quelques épisodes :

Au 1er grenadiers, le colonel Péan, ayant pris le couteau d'un sapeur, brisa la hampe et mit l'étoffe en pièces; tous les officiers, sous-officiers et soldats du régiment en eurent un morceau. Le général Jeanningros, qui commandait alors la 1re brigade de la 2e division (1er grenadiers et zouaves), donna son entière approbation à la décision du colonel Péan. Il en fit même faire autant au colonel des zouaves, puis il écrivit :

« Les drapeaux de nos deux régiments ont été détruits par mon ordre, les hampes et aigles sciées, les morceaux distribués à mes deux régiments : les drapeaux de ma brigade n'iront pas à Berlin ! »

C'est aussi le colonel de Girels qui, trouvant à l'arsenal de Metz huit étendards appartenant à sept régiments de cavalerie et à un régiment d'artillerie, donna l'ordre de les brûler.

Le général de Laveaucoupet prescrivit aux colonels de sa division de brûler les drapeaux, et d'accomplir ce patriotique mais douloureux devoir avec toute la publicité possible.

« J'assume sur moi seul, écrit-il, la responsabilité de l'ordre que je vous donne. On me rendra compte de son exécution. »

Le général Lapasset, dont l'énergique décision a été popularisée par l'image, raconte qu'il reçut le 27 octobre, à neuf heure du soir, une lettre confidentielle l'invitant à remettre à l'artillerie les drapeaux de ses régiments. Ils devaient être transportés à l'arsenal de Metz pour y être brûlés. Mais le général, redoutant qu'une fois là ils ne fussent pas détruits, — et l'événement confirma ses craintes, — le général, disons-nous, considéra qu'il lui était impossible de livrer ainsi ses drapeaux. Le lendemain, 28 octobre, avant la pointe du jour, il donna l'ordre à ses colonels de les brûler eux-mêmes.

« Mon général, écrit-il en même temps au commandant du 2e corps, la brigade mixte ne rend ses drapeaux à personne et ne se repose sur personne de la triste mission de les brûler, elle l'a accomplie ce matin; j'ai entre les mains les procès-verbaux de l'opération. »

Quant aux drapeaux qui furent lacérés et partagés entre les officiers et les hommes des régiments auxquels ils appartenaient, ils furent reconstitués après la guerre et rendus aux corps au cours d'importantes cérémonies, comme ceux, par exemple, du 45e et du 36e de ligne dont nous avons déjà parlé.

De même, dans le courant de l'année 1894, des fragments du drapeau du 37e de ligne furent reconstitués par ordre du ministre de la guerre, et le 10 avril 1895, lors de la présentation du drapeau aux jeunes soldats, devant le régiment formé en carré et sous les armes, le colonel Dehon-Dahlmann prononça l'allocution suivante :

« Jeunes soldats de la classe 1893, je vous présente le drapeau du régiment. Il porte dans ses plis les noms de Zurich, Polotsk, Alger, Solférino.

« Ce sont les victoires où nos devanciers se sont illustrés; soyez donc fiers du numéro que vous portez, qui est celui d'un des plus vieux régiments de l'infanterie française.

« Officiers, sous-officiers, caporaux, anciens et jeunes soldats, j'ai la bonne fortune de vous présenter aujourd'hui des fragments du drapeau que le régiment avait en 1870. Ces glorieux lambeaux ont flotté à Solférino.

« Au cours de l'année néfaste de 1870, aux jours où le courage, l'héroïsme ont dû céder au nombre, le 37e n'a pas voulu que son drapeau devînt trophée pour l'ennemi.

« Découpé en morceaux, il a été partagé entre les officiers et les soldats du régiment; la hampe brisée a été brûlée.

« Ce sont quelques-uns de ces fragments, reconstitués par ordre du ministre de la guerre, que vous voyez aujourd'hui.

« Que ces lambeaux servent de trait d'union entre le passé et l'avenir, entre la gloire acquise et celle que vous saurez conquérir si la patrie vous appelle!

« En attendant, fortifiez-vous par le travail et la discipline.

« Et tout à l'heure, en saluant le drapeau, jurez en vous-mêmes de ne jamais le laisser tomber au pouvoir de l'ennemi, fût-ce au prix de votre sang. »

Au cours des épisodes de la campagne 1870-71, il n'a jamais été fait mention de la cavalerie.

C'est que aucun régiment de cette arme n'emporta son aigle sur les champs de bataille. Un grand nombre d'entre eux laissèrent leur étendard au dépôt; les autres le versèrent successivement dans les arsenaux de Strasbourg, de Belfort et de Metz. Mais c'est en pensant aux immortelles couleurs de la France que les cavaliers de Morsbronn, de Reischoffen, de Rezonville, de Floing, accomplirent leurs charges héroïques.

On peut dire qu'ils étaient les dignes descendants des cavaliers de Murat, de ces cuirassiers géants devant lesquels rien ne résistait, et dont les charges répétées enfoncèrent les carrés de Meszko, immortalisant par leur intrépidité, à la bataille de Dresde en 1813, les fameuses plaines de Friedrichsstadt.

FIN

TABLE

I. — L'amour du drapeau. — Nombreuses citations. — Quelques exemples. — Napoléon et le drapeau tricolore. — Le Panthéon. — Les Invalides. — Ni loi ni décret. — Une destruction volontaire. — Funérailles du maréchal Sébastiani. — Le décret de juin 1859. 7

II. — Campagne d'Italie (1859) 25

III. — Les drapeaux décorés au Mexique 55

IV. — Campagne de 1870-71. — La prise de deux drapeaux prussiens . . . 71

V. — La défense du drapeau à travers l'histoire. — Actes héroïques. — Courage et dévouement. — Morts glorieuses. — Officiers, sous-officiers et soldats. — Sous la royauté, l'empire et la république. 99

30878. — Tours, impr. Mame.

BIBLIOTHEQUE NATIONALE DE FRANCE
3 7531 04148884 3

www.ingramcontent.com/pod-product-compliance
Ingram Content Group UK Ltd.
Pitfield, Milton Keynes, MK11 3LW, UK
UKHW012218240726
13966UKWH00003B/827

9 782012 943155